供養・慰霊の動物塚を巡る

いきものとむらう歴史

依田賢太郎

Kentaro YODA

社会評論社

いきものをとむらう歴史　目次

モノグラフ分類目次

画・依田賢太郎

はじめに

二十一世紀になって、生きものへの眼差しが変わってきているように思われます。

私がそのことに気づいたのは実験動物慰霊碑の調査を始めて、各地を歩き回っている時でした。花塚、草木供養塔、扇塚、人形塚、めがねの碑、鋏《はさみ》塚、鍋《なべ》塚、暦《こよみ》塚などに出会いました。

それらは大昔に建てられたものではなく、比較的新しいものです。そして、私が調査の対象にしていた動物学で扱う動物の塚とこれらの塚を総称して「生きもの供養碑」というのだそうです。

もっとも、太陽にも寿命があります。約百億年と言われ、余命は五十四億年と推定されています。それは太陽で起こっている核融合反応の継続年数を命に例えてのことです。

その意味ではすべての物に命があり、寿命があります。

ペット動物を飼う人が多くなり、日本人の動物に対する態度が大きく変わってきたことはよく知られていますが、ペット動物だけでなく、このような「生きもの」に対する態度も変わりつつあるようです。

また、一時は失われかけていた若者の伝統行事への関心が近年になって高まっているとも言われます。地域社会や家庭が崩壊し、ばらばらになってしまった一人一人のヒトが人間を再発見して関係性を取り戻そうとしているのかもしれません。そのために伝統行事における人間が作り出す非日常的な異次元の緊張、爆発、笑、美、ぬくもり、畏怖といったものの体験を求めるのでしょう。

これは単に昔に回帰するのではなく、二十一世紀を生きる日本人の生き方の問題だと考えられます。時代を振り返ると、確かに良い時代と悪い時代があるように思えますが、時代の良し悪しを論じ、良い時代を懐古するのではなく、その時代が置かれた時代環境にどのように対応したのかを考え、今の時代を生きることが大切だと思います。

この本では、私が調べてきた動物の墓や供養・慰霊碑（以下、動物塚と総称）の歴史をたどってみたいと思います。時間軸に沿って記述しますが、空間軸については地域特性として適宜触れたいと思います。それらを通して、自然からはみ出してしまったかにみえる人間が、そうはいっても自然の一部であり、取り巻く自然環境、とりわけ動物たちとどのような関係を築いていくのが良いのか考え、実行するためのきっかけとなればと思います。

動物実験を行っている日本の大学や研究機関はなぜ欧米にはない実験動物慰霊碑を建立するのだろうかという疑問から、動物塚の調査を始めたのは世紀が変わった二〇〇〇年でした。

それから早や十八年が過ぎました。途中、調査の一里塚として二〇〇七年に調査結果をまとめて最初の動物塚の本『どうぶつのお墓をなぜつくるか』を上梓しました。内容は動物塚を建立する動機を中心にしたものですが、実験動物以外の各種動物を含むものとなっていました。

それが今や百種以上の動物を含む五百基を超える動物塚を調査していました。しかし、無数といってもいいほどの未調査の動物塚が残されています。すべてを調査することは不可能ですが、どうしても見てみたい動物塚がまだいくつも残っています。

山中のけもの道を歩いて登らなければならない所や船を出して頂かなければならない所など難所もあります。クマやイノシシに出会わない季節や時間を選ぶ必要もあります。

今までも地震や台風などに見舞われ、途中で断念したことも少なくありません。それでも、それらの動物塚が私の来るのを待ちわびているのか、私を駆り立てます。

石碑とはいえ、時代と共に様々な原因で失われて行くものも少なくありません。先の東日本大震災でも多くの碑が行方不明になりました。そこで、いったん立ち止まって、調査結果を動物塚からみた人と動物の関係史としてまとめて本にして読んで頂きたいと思いました。そして、自然への畏敬と生きものへの温かい眼差しも新たに、一歩を踏み出したいと願っています。

付録として用語解説を設けました。本書では私が使用する用語で誤解が生じないように、いくつかの用語の意味について私が理解している内容を解説しました。従いまして、厳密な学問的な意味などを知りたい方は専門書を当たって頂ければ幸いです。

また、二〇〇七～二〇一八年に調査した動物塚一覧を付しましたが、二〇〇〇～二〇〇六年に調査した動物塚の一覧は『どうぶつのお墓をなぜつくるか』（社会評論社、二〇〇七年）を参照して頂ければ幸いです。

I　動物塚の歴史

軍馬軍犬軍鳩慰霊碑（名古屋城跡）

1　動物塚とは

日本のどこへ行っても、路傍に、海辺に、山中に、公園に、あるいは神社仏閣などに様々な石碑があることに気づかない人はいないでしょう。

注意してみるとそれらの碑の中に虫塚、馬魂《ばこん》碑、獣魂碑、鳥獣供養碑、犬猫慰霊碑、鯨塚、鮭塚、魚貝藻類慰霊碑、植木供養塔、花塚といった動物や植物の碑が含まれています。また、針供養塔、包丁塚、筆塚、印章供養碑、人形塚、扇塚などの器物類の供養碑もあります。

動物の碑だけ見ても、魚の碑は千基を優に越え、牛馬の碑も千基を越しますので総数は何千基になるか見当がつきません。人間以外の動物の供養や慰霊のために数え切れないほど多数の碑を古代から現代にわたって造るのは日本人だけです。

日本人は国内だけではなく、北米、中国、韓国、台湾、タイ、ミャンマー、フィリピンなどにも動物塚を建立しています。日本人が建立したものではない死んだ動物のための塚は東アジア諸国（中国、韓国、台湾）にもがありますが、数は多くありません。また、中東やアフリカにも皆無ではありません。

欧米にも死んだ動物の碑はありますが、動物の霊、魂を対象に慰霊あるいは供養するために造られるのではなく、人間のために造られる記念碑です。一つは軍用、警察用、消防用、救助用、実験用など、人間のために活動して犠牲になった動物たちの記録を残して公知し、省察させるための記念碑であり、あわせて飼育した人々とともに顕彰するものであります。

もう一つはペットの墓です。友であり、家族の一員でもあるペット（愛玩動物）あるいはコンパニオンアニマル（伴侶動物）との離別のつらさや死の悲しみを乗越えたり、喜びや安らぎを与えてくれたことに感謝を表すためのものです。慰霊のためではなく、これらに宗教が直接関わることはほとんどありません。ただし、ペットロスの人のケアには宗教は積極的に関わります。

動物の墓は原則として特定の動物の遺体を埋葬し、墓標を建てたものであり、動物慰霊碑あるいは供養碑は生を絶たれた動物を慰霊または供養するために碑だけを建てたものです。墓と碑を合わせて動物塚と呼びます。

墓と碑の区別は厳密なものではなく、状況証拠から判断することもあります。塚の建立目的は慰霊、畏怖《いふ》、哀惜、贖罪《しょくざい》、感謝、祈願などを形にしたものであり、対象となる動物は神格化動物、使役動物、食用・素材用動物などです。塚の機能としては以下の項目などが挙げられます。

①心にある見えないものを見える形（型）にして永く残す。
②公にする。
③霊、魂の依《よ》り代《しろ》となる。
④供養、慰霊などの祭場を与える。
⑤くり返し使える。
⑥儀礼化、形骸化によりトラウマ（哀惜、悲嘆、悔恨、苦痛など）を希薄化できる。
⑦感謝、尊崇、畏敬などの表明と定着を助ける。
⑧関係者の結束のためのモニュメントとなる。

日本人には、良くないことは早く忘れたいとか、水に流すとか、祀ることをくり返すことによって祟る霊魂の沈静化、神格化や成仏を助けたいという強い心性があります。また、神仏に祈願したいとの現世利益的な思いなどもあります。塚の機能はこれらに合致しています。従って、現地に行って実資料に当たる考現学的なアプローチにより碑文などから碑の背後にある建立者のこころを帰納的に抽出できます。

塚の建立動機は個々の碑によって異なるといっても過言ではありませんから、時代背景などから演繹的に建立者のこころを一律に推定することは危険が伴うでしょう。例えば、「鳥獣供養碑」の多くは猟友会などによって狩猟動物の供養のために建立されますが、ペットのためや展示動物のために建立されたものもあるのです。

現存している動物塚の多くは江戸時代以降に建立されたものですが、その源流は縄文時代にまで遡ることができます。

縄文時代の遺跡から丁重に埋葬された犬の骨が各地で発掘されています。碑は風化や撤去により消滅しますので、時代が遡るほど残存する率は少なくなります。それを差し引いても、現時点までは時代が下るほど多く造られているように見受けられます。

文明開化を掲げる明治維新の近代化政策は民俗的な俗信や迷信などを啓蒙の対象とし、西洋文明の対極として抑圧するものでありました。にもかかわらず、動物慰霊碑や供養碑の建立は近代になってむしろ盛んになりました。これは和魂洋才※の典型でありますが、具体的には慰霊や供養の対象と慰霊や供養をする者の双方が広がったことや建立の動機の多様化に起因しています。すなわち、畜産、食肉、展示、実験、競技、愛玩など——動物の資源化、商品化が急速に進展しました。

動物塚の隆盛は業の繁栄と安全祈願、動物を殺すことの心の痛みやうしろめたさの処理が動物の慰霊、供養と結びついたことに要因がありましょう。

※和魂洋才　224頁　用語解説を参照

もっとも、近年は塚建立の普及が進んだこと、さらには、科学の進歩による合理的な思想の浸透により、タタリ※、ケガレ※、オソレなど不合理なものに支配される人が少なくなったことから、動物の死に対する認識に変化が起きたためなどにより、新たな建立は次第に下火になる兆しもあります。また、古い碑の改修や別の目的での再利用も古くから行われてきています。

動物の墓

墓を造るのは人間だけであると考えられています。

土を掘って死体を埋めることは動物も行いますが、それは人間のように意味をもった表象としての墓ではありません。人間は特定の動物個体をある動機をもって埋葬します。

イラクのシャニダール洞窟にネアンデルタール人によって埋葬された人の墓があります。現在、よく知られている最も古い動物の墓は一万二千年前のイスラエル、アインマラハのナツフィアン遺跡にある人に抱かれた状態で埋葬された仔犬の墓です。

日本では、七千年前の縄文遺跡から埋葬された縄文犬の骨が発掘されています。弥生時代には半島からポシン文化（イヌ肉を食べる）とともに犬が導入されました。弥生遺跡からは食用に供された犬の骨が出土します。古墳時代には天皇の犬墓、飛鳥時代には物部氏の武将の犬墓が造られたことが『風土記』や『日本書紀』に記されています。

※タタリ（祟り）221頁　※ケガレ（穢れ）219頁　用語解説を参照

聖徳太子の愛犬雪丸の墓（奈良県王寺町、達磨寺）

いずれにしても古い時代の動物の墓は神話や伝承に残されたものであり、各地にあるそれらの墓が史実かどうかを確認することは困難です。しかし、神話や伝承の裏には歴史の残滓があるとも考えられ、少なくとも日本人がそのように信じてきたのは事実でありますから、特定の動物のことを大切にして墓を造るという心性を古い時代から持ってきたといえるでしょう。

神話や伝承の動物墓の例として、応神《おうじん》天皇の猟犬墓、捕鳥部萬《ととりべのよろず》の白犬墓、ヤマトタケルの白鳥塚、聖徳太子の愛犬墓、聖武《しょうむ》天皇の牛墓、義経の愛馬墓、行基《ぎょうき》の鯉塚、写経猿の墓、義犬の墓、霊犬早太郎の墓、亀の墓、鵺《ぬえ》の墓などを挙げることが出来ます。

実在した動物の墓の例として、籬（馬）碑、猫神、亡牛塔、馬塚、鯨墓、亀塚、犬墓、伊皿子貝塚の犬墓、愛犬トビーの墓、山猫めをと塚、競走馬ライスシャワーの墓、ペット霊園などを挙げることができます。

動物供養・慰霊碑

動物塚においては、供養、慰霊、鎮魂などの用語の厳密な使い分けはなされていないのが実情ですが、供養は仏教用語で死者の霊に食物などの供物を供えたりして死者の冥福や成仏を祈ることです。広くは死者の霊、三宝（仏、法、僧）に諸物を供えて回向《えこう》する（冥福を祈る）ことです。供養をして生を絶たれた動物霊の祟りを防ぐためや動物を殺した人の救いのためにも行われます。供養碑は供養のために建てた碑であり、霊の依り代となります。

慰霊は死者の霊魂を慰めることであり、そのために建てる碑が慰霊碑です。

鎮魂は神道用語で死者の魂を鎮めること（タマシズメ）を指しますが、古くは遊離すると死や病をもたらす霊魂を呼び戻して賦活化して再生を願うタマフリと死霊や怨霊を鎮めるタマシズメとがありましたが、現在では死者の霊を慰め、祀る意に用いられることが多いようです。

仏教では、不慮の災難で死んだ横死者、病気や飢餓などによる行路病死者は生をまっとうしないので悪霊、邪霊、無縁霊となると考えられ、これらの霊の成仏のために盂蘭盆会《うらぼんえ》での施餓鬼供養が行われました。特に宗教を意識しない場合や公立の機関などでは慰霊が使用されます。本書では、特に指定などがない場合は慰霊を用います。

慰霊（供養には慰霊行為が含まれることが多い）の具体的目的は動物の命を簒奪《さんだつ》する人間の罪意識、うしろめたさを希釈緩和するためや動物の霊を慰め、感謝し、冥福を祈るためです。神道、仏教での例としては以下が挙げられます。

●動物の死に伴う人間の穢れを祓い清める。（神道）
●殺された動物の霊が祟るのを鎮める。（神道、仏教）
●動物を殺す罪から人間を救う。（仏教）
●殺された動物の霊を救う。（仏教、神道）

動物供養・慰霊碑の建立は動物の墓に比べるとそれほど古くはなく、建立年がはっきりしているのは京都府宇治市塔の島にある十三重供養塔（鎌倉時代、一二八六年）です。他に古いものとしては、虫塚（室町時代、一三九〇年頃、東京都八王子市山田町、広園寺）、鳥獣供養塔（江戸時代、一六一二年、佐賀県佐賀市三瀬、杉神社）、鯨三十三本供養塔（一六七一年、三重県熊野市二木島）、虫供養塔（一六八五年、佐賀県佐賀市嘉瀬町）などが挙げられます。

動物神仏

動物神仏とは動物が神格化（あるいは仏格化）さ

鯨三十三本供養塔（三重県熊野市二木島）

れたものですが、動物自身が神格化されたものと、特定の神格を持つ神の眷属《けんぞく》（神使）とされる動物とがあります。

前者の例としては岐阜県高山市の山桜神社に祀られている「山桜」という名の馬があります。東京都新宿区の自性院にある「猫地蔵」や熊本県阿蘇市の国造《こくぞう》神社にある鯰宮の大ナマズもこの類でしょう。

後者の例としては京都府京都市の伏見稲荷大社のキツネや奈良県奈良市の春日大社のシカ、滋賀県大津市にある日吉大社のサルなど、その他の多くの動物がいます。

動物塚の始まりはいつか

〔考古学的〕

愛媛県久万高原町、縄文早期から中期の上黒岩岩陰遺跡から七千三百〜二百年前の埋葬犬骨が出土しています。

宮城県、縄文後期の田柄貝塚から埋葬イノシシの骨が出土しています。

〔文献的〕

兵庫県西脇市堀町、犬次神社は『播磨國風土記』にある品太天皇《ほむだのすめらみこと》（応神天皇）の猟犬墓の場所にあたると考えられています。

大阪府岸和田市天神山町、天神山古墳群の犬墓古墳は『日本書紀』にある捕鳥部萬の白犬墓と考えられています。

犬の法事についての記述があります。（『大鏡《おおかがみ》』第六巻）：

「清範律師の、いぬのために法事しける人の講師に請ぜられていくを、清照法橋、同ほどの説法者なれば、「いかがする」とききに、かしらつつみて誰ともなくて、聴聞しければ、「ただいまや過去精霊は、蓮台の上にてひよとほえ給らん」とのたまひければ、「さればよ。こと人かくおもひよりなましや。なをかやうにのたまひある事は、すぐれたる御房ぞかし」とこそほめたまひけれ。実にうけ給はりしに、おかしうこそさぶらひしか。これはまた聴聞衆共、さざとわらひてまかりにき。いと軽々なる往生人なりや。」

猫の埋葬についての記述があります。（『台記《たいき》』巻二康治元年八月）：

「六日丙寅、去月十六日、僕少年養猫、猫有疾、即畫千手像、祈之日、請疾速除癒、又令猫満十歳、猫即平癒、至十歳死、裹衣、入櫃葬也」

〔伝説の墓〕

聖徳太子の犬墓、聖武天皇の牛墓、空海の犬墓、義経の馬墓などがありますが、実際の碑などの建立は後代であったとしても、日本人は伝説を大切にして、その中に登場する動物を弔うという心性を古くから持って来たと言えましょう。そして、伝説や伝承には地域固有の文化が色濃く記録されています。

動物塚の新しい形態への歴史的経緯は、動物の墓（縄文時代）―動物の神格化・祀場―神社（古墳時代〜奈良時代）―供養碑（平安時代〜鎌倉時代）―霊・魂碑（明治〜大正時代）―慰霊碑（昭和時代）となっています。

これらの変遷は重層的で、しかも宗教と密接に関連しています。すなわち、縄文の自然信仰、弥生から古墳時代の神々の登場、飛鳥時代の仏教伝来、鎌倉時代の新仏教の登場、徳川幕府による檀家制度の創設、儒教の隆盛と国学の発展、明治時代の国家神道、戦後の信教の自由化が人の葬送儀礼を決定づけ、それが、動物塚に強く反映しています。さらに、生業や生活文化の時代変遷の影響も大きいものがあります。

いずれにしても、動物塚の新しい形態発生と宗教や生業、生活文化との関連の詳細についてはさらに検討が必要です。

動物塚を造る理由

動物塚の建立の動機は人が動物をどのように捉えているか、という動物観が関わります。したがって、時代や地域によって異なります。このように建立の動機は人と動物の関係性によって変化しますが、著者は百数十種の動物の塚建立動機を碑文や関係者の聞き取りなどにより調べた結果から、次の十種に分類しています。

① 神仏の祭地（山神、水神、海神などの使命《つかわしめ》としてのキツネ、ヘビ、ナマズ、サンショウウオなどの塚）
② 動物間の愛情を人への教訓とする（孝行イヌ、孝行サル、ツルやカモの夫婦愛など）
③ 人に対する恩義、忠義に報いる（イヌ、オオカミ、ネコなど）
④ 使役動物への感謝、慰霊（運輸、農耕、軍事、展示、補助など）
⑤ 犠牲動物への哀悼、感謝、慰霊（事故、災害、実験、殺処分など）
⑥ 食用動物・素材用動物への感謝、慰霊（魚介獣類、鳥獣類、シンジュガイなど）
⑦ 伝説の動物への畏怖、関心の表明など（神話、伝承などに登場する動物）
⑧ 平和運動などのモニュメント（被爆マグロ）
⑨ ペット動物への感謝、哀悼、慰霊（イヌ、ネコ、ウサギ、アライグマなど）
⑩ その他（上記の分類に入らないものや文学などに関連した動物の記念など）

塚の分類は他にもいろいろ考えられます。生物学的系統分類、建立者の職種、動物種、立地、テーマ別などに基づくものがよく利用されます。

参考文献

秋本吉郎校注『日本古典文学大系2　風土記』岩波書店、一九五八年

伊藤聡『神道とは何か』中央公論新社、二〇一二年

加地伸行『儒教とは何か』中央公論新社、一九九〇年

川村邦光『弔いの文化史―日本人の鎮魂の形―』中央公論新社、二〇一五年

坂本太郎、家永三郎、井上光貞、大野晋校注『日本古典文学大系68　日本書紀下』岩波書店、一九六五年

末木文美士『日本宗教史』岩波書店、二〇〇六年

高取正雄、橋本峰雄『宗教以前』筑摩書房、二〇〇一年

戸部民夫『神様になった動物たち』大和書房、二〇一三年

中村生雄、三浦祐之編『人と動物の日本史四信仰の中の動物たち』吉川弘文館、二〇〇九年

中村禎里『動物たちの霊力』筑摩書房、一九八九年

保坂幸博『日本の自然崇拝、西洋のアニミズム』新評論、二〇〇三年

福永光司『道教と古代日本』人文書院、一九八七年

松村博司校注『日本古典文学大系21　大鏡』岩波書店、一九六〇年

増補「史料大成」刊行会編『台記　巻第二』臨川書店、一九六五年

山折哲雄『仏教とは何か』中央公論新社、一九九三年

依田賢太郎『東海道どうぶつ物語』東海教育研究所、二〇〇五年

依田賢太郎『どうぶつのお墓をなぜつくるか』社会評論社、二〇〇七年

依田賢太郎「外国にある動物の墓・慰霊碑にみる人と動物の関係」『動物観研究』No.18、9～16頁、二〇一三年

2 動物塚から見た日本人の動物観

動物観とは人が動物をどのような存在として捉えているのかという認識のことです。そこから、人と動物はどのような関係を持つのが良いかという態度や行動が決まります。

動物観は人と動物の関係性によって形成されますので、地域や時代によって異なります。日本列島は四面を海に囲まれ、国土の七割ほどが急峻な山地であるという地理的条件と比較的温暖で四季を通じて比較的降水量が多いという温帯気候の気象条件から、食物として天然物である海山の幸に恵まれていました。

その結果、日本人は狩猟、漁撈《ぎょろう》、採集に加えて南方系の稲作まで可能にしました。そして、縄文の昔から江戸時代まで自給自足の生活を続けてきたのです。

いっぽう、列島の置かれている地球上の位置の関係から、台風、豪雨、洪水、豪雪、日照り、地震、津波、噴火、火事、水難事故、山岳事故など四季を通じて各種の災害に見舞われてきました。

日本人は古代から自然の豊かな恵みに感謝するとともに、時に大災害をもたらす荒ぶる自然を恐れ畏怖《いふ》してきました。

この両義的自然環境の中で自然と一体となって生活する日本人は固有の自然観、動物観、生命観を育んできました。

それは、森羅万象に霊魂あるいは命が宿ると考えるアニミズム的基層信仰（自然信仰）であり、神々、人、動物の水平的・連続的認識を形成し、あるがままの自然を受け入れ、人も動物も自然の一部であり、同じ仲間であると考える動物観となりました。

人も動物も死後はあの世に行くと考え、人と動物の能力の違いを認めながらも厳しい区別を設けることなく比較的平等な生命観を持ってきました。人は何かの点で動物に勝り、動物の上に立ちますが、人も動物も同じ運命をたどると考える動物観といえましょう。

命あるものはすべて同じ運命をたどり、生れ、育ち、死んでいきます。そこには、突出したものは何もなく、人が高慢になる理由など何もありません。何か、水平的で、対称的で、円環的であります。

動物塚を調べて考えさせられたのは、その最深部にあるものは一つの形や言葉では表せないものでありますが、その日本流の何かが、仏教や儒教、道教などの宗教や中国文明や西洋文明を日本流に改変して受容する力の一つではないだろうかということです。

そして、それが日本人にあいまいさと二重性をもたらしているのでしょう。この最深部にあるものを言語化、理論化するためには脳科学などの一層の発展が必要です。

日本人の心性には三つの画期があったと考えられます。

第一はアニミズム的基層信仰の自然崇拝の縄文から弥生への変化で、水稲農耕の進展により自然崇拝の中で太陽神や水神の比重が増し、清浄が尊ばれ、動物の死穢《しえ》の観念が形成されました。大陸的な動物供犠による豊穣祈願は一時期行われましたが、大きく発展することはありませんでした。

第二は仏教伝来で、神仏習合の形成、殺生肉食の禁断や供養成仏、アニミズム的な草木国土悉皆成仏《そうもくこくどしっかいじょうぶつ》※などの思想が出現しました。

第三は明治維新で、自然科学を伴う西洋合理主義が導入され、大きな変革が起こりました。動物が資源化され、各種業者が業の安全と繁栄の祈願と業を支える動物の慰霊とを併せて慰霊祭を行い、慰霊碑を建立するようになりました。そして、戦後はグローバリズムの進展の中で、様々な思想がモザイク状に、しかも重層的に存在しています。

自然に立ち向かうのではなく、あるがままの自然を受容し、自然と一体となって生活する日本人は、長い間、自然に対して著しい開発や改良を加えませんでした。

神々の権威によって天皇が稲作と律令により国家運営を行う奈良時代、十二世紀前半の大開

※224頁　用語解説「天台本覚思想」を参照

墾時代、江戸時代初期の活発な開墾時にあっても自然破壊は抑制的でした。動物の品種改良も抑制的でありました。

自然が著しく破壊され、人間や動物の生存が脅かされるようになったのは西洋文明を導入した明治時代以降の工業化時代になってからです。

江戸時代までは自給自足の生活を維持してきた日本では、一九〇〇年頃の人口は約四千三百万人ほどであり、人口が急増したのは明治以降です※。

日本では明治以降、殖産興業の名のもとに各種の産業が興され、各種の業界が分業して動物を資源化、商品化しました。そして、グローバル化された現在社会は高度に文明化され、人工化され、人間の自然な心は抑圧下にあります。

その結果、人と自然を同一に考える擬人化されたアニミズム的世界観に基づいた動物、植物、器物などの供養・慰霊儀礼におけるヒトと動物の対称的構造は変容し、業者は功利的な観点から業の安全と繁栄を神仏に祈願し、併せて業を支える動物に感謝し、碑を建て供養・慰霊祭を行うようになっています。

極論すれば、動植物の命を簒奪することによる自然に対するオソレや自身の心の痛みや苦しみから自然発生的に生じた儀礼が功利性の強い意図的な儀礼へと変化したといえましょう。

※1900年（明治33）4,300万人、1920年（大正9）5,596万人、1940年（昭和15）7,307万人、1980年（昭和55）11,706万人）

動物儀礼はこのように歴史過程の中で形成され、変化しながら生き続けてきた複雑な文化ですが、先進文明国の中では類例がないものとして存続しています。しかし、この動物供養・慰霊という文化は普遍的真理に立脚しているものではありませんので、今後、科学的真理や異文化の影響により著しい変化を余儀なくされないとは限りません。

これからは曖昧で情緒的ともされる日本的動物観と理性的で自然支配的とされる西洋的動物観※を対峙させるのではなく、新しい日本の動物観を構築して行くことになるでしょう。その際、日本人の和敬寛裕（やわらぎ、つつしみ、心安らかにゆったりしている）の気風が失われないことが願われます。

参考文献

石田戢『現代日本人の動物観―動物とのあやしげな関係―』ビイング・ネット・プレス、二〇〇八年
石田戢、濱野佐代子、花園誠、瀬戸口明久『日本の動物観―人と動物の関係史―』東京大学出版会、二〇一三年
中村禎里『日本人の動物観―変身譚の歴史―』海鳴社、一九八四年
依田賢太郎「動物の墓と慰霊碑から見た日本人の動物観」『どうぶつと動物園』Autumun 32〜33頁、二〇一三年

※225頁　用語解説「西洋の動物観」を参照

3　動物塚の時代変遷

はじめに

人と動物の関係性は時代を反映し、生を絶たれた動物に対しての感謝、哀惜、畏怖などを石に刻んで残した動物の慰霊碑、供養碑、墓はその時代の人と動物の関係を的確に記録するので、碑に刻まれた情報から過去に振り返って人と動物の関係の時代変遷を知ることができる。

著者は日本各地に現存している動物の墓や慰霊碑、供養碑を現地調査して、それらの建立の動機、系譜などについて報告してきた。（注1～3）現存している墓や碑の数は、魚だけでも千基を優に超え、牛馬も千基以上あり、総数は何千基あるのか分かっていない。本論ではすでに調査の済んだ五百基の碑の情報から人と動物の関係の時代変遷について考察する。

調査した碑の建立時期は、奈良時代以前7基、中世22基、近世93基、近代以降378基（明治：43、大正：25、昭和：253、平成：57）となり、時代が下るほど数が多くなっている。そこで、碑に表われた人と動物の関係の時代変遷を概観した上で、近代以降に焦点を合わせて考察する。

時代変遷

調査した碑の対象となった動物種を登場年代順にまとめたものを表1（次頁参照）に示した。墓は動物個体を埋葬したものであり、慰霊碑・供養碑は生を絶たれた動物の慰霊／供養のために碑だけを建てたものである。墓や碑の前では慰霊祭や供養祭が行われることが多い。碑に記された動物名は犬や猫のように単独名が記されたものだけでなく、犬猫、馬犬鳩のように複数の動物名が記されたもの、魚、鳥のように包括的に記されたもの、鳥獣、魚貝のように複合的に記されたものなどがある。

❶ 中世以前（〜一六〇二年）

奈良時代以前のものは神話や伝承に関わる動物の墓であり、建立年は記されていないが、様式などから必ずしも神話や伝承発生当時のものではなく後年に建立されたものも多いと考えられる。『播磨国風土記』にある品太天皇《ほむだのすめらみこと》の猟犬麻奈志漏《まなしろ》の墓（西脇市堀町、犬次神社）、『日本書紀』にある捕鳥部萬《ととりべのよろず》の白犬の墓（図1、岸和田市天神山町、義犬塚古墳）、聖徳太子の愛犬雪丸墓（奈良県王寺町、達磨寺）、聖武天皇の牛車の牛墓（甲賀市牧）、行基菩薩の鯉塚（豊中市庄本町、椋橋《くらはし》総社）などがある。

表1　墓に埋葬された動物、慰霊碑・供養碑が建立された動物

墓に埋葬された動物	
中世以前	イヌ、ネコ、ウシ、ウマ、サル、シカ、ハクチョウ、ツル、スズメ、ウミガメ、コイ、ヌエ
近　世	オオカミ、タヌキ、ウグイス、コウノトリ、タカ、クジラ、カニ
近代以降	ブタ、ウサギ、アライグマ、ラッコ、マグロ、サメ、ヘビ、ペット動物など

慰霊・供養された動物	
中世以前	クマ、イノシシ、キツネ、イルカ、サケ、サバ、コイ、ナマズ、ヘビ、ハチ
近　世	シカ、ネズミ、ニワトリ、バッタ、イナゴ、クロカメムシ、セミ、クジラ、マグロ、ボラ、イワシ、ニシン、トド、ハマグリ、シジミ、虫、魚鱗など
近代以降	ブタ、ヤギ、ウサギ、ヒツジ、スイギュウ、ゾウ、ライオン、シロネズミ、イタチ、カモ、トキ、ハト、ウミウ、カツオ、タイ、サメ、フグ、ブリ、クエ、サワラ、アンコウ、イカ、タコ、オットセイ、アシカ、ウナギ、ニジマス、アユ、ヘラブナ、シラウオ、ニシキゴイ、スッポン、エビ、カニ、アサリ、カキ、ミヤイリガイ、アコヤガイ、ミツバチ、スズメバチ、シロアリ、カイコ、ムカデ、生物、動物、鳥獣、家畜、食肉動物、屠畜、牛馬、犬猫、鳥、小鳥、軍馬軍犬軍鳩、実験動物、湖魚、鳥獣虫類、魚介類、魚貝藻類、畜魂、獣魂、魚霊、昆虫、活魚など

この時代は日本古来の天地の神々への信仰と異教である仏教への帰依が並立していた時代から聖武朝の仏教最盛期を経て平安王朝へと続く時代であった。中国をモデルにした律令制の下で、水稲の豊穣と国家鎮護のために天武の勅令（六七五年）などに見られるように殺生肉食禁断政策が採用された。そのような状況では、狩猟や漁労は僻地で生業として続けられたものの、稲作と比べると脇役であり、食用動物の慰霊／供養の必要性は高くなかったと考えられる。

平安時代以降中世になると律令制の変質が進み、天皇と摂関家の安寧および稲の豊穣のための日本古来の神祇祭祀との関連で、神々を祀る場と祀りを行う人の心身を清浄に保たなければならないという斎戒《さいかい》の観念から天皇の聖性と清浄が重視され、動物の死穢《しえ》の観念が発展し、延喜式（九二七年）に定められた。

図1　捕鳥部萬の白犬の墓（岸和田市天神山町）

さらに仏教の普及に伴い殺生罪業観※も浮上し、動物の死や殺生が忌み嫌われるようになった。穢れを祓い、祟りを鎮めるために、あるいは生き物を殺す罪から人を救うために天地の神々に祈り邪気を払う神式の鎮魂や密教僧による仏式の供養が行われるようになり、数は多くないが碑が建立された。

菅原道真の牛墓（太宰府市五条）、源氏や平家の馬墓（高

※殺生罪業観　223頁　用語解説を参照

図2　十三重供養塔（宇治市塔の島）

松市牟礼など）、鎌倉時代の宇治川漁師救済のための十三重供養塔（図2、宇治市、宇治川浮島）、さらに、『日本霊異記』や『今昔物語』などに表れた仏教の因果応報説話などの動物譚《たん》に関連した動物の墓や供養碑も各地に建立された。寺院再建の建材を運んだ牛墓（大津市逢坂、長安寺）、写経猿の墓（胎内《たいない》市乙《きのと》、乙宝寺《おっぽうじ》）、義犬の墓（泉佐野市大木、七宝瀧寺《しっぽうりゅうじ》）、海亀の墓（袋井市西同笠《にしどうり》）などがこれに該当する。また、鼠の食害から書籍を守った猫墓（横浜市東朝比奈《ひがしあさひな》、千光寺）、文禄慶長の役に従軍して瞳孔の開度により時を知らせた猫墓（鹿児島市磯、仙巌園《せんがんえん》）などがある。

　中世までの日本では人の墓や慰霊碑、供養碑の建立は裕福な上流社会の人々によって行われたが、一般の庶民が個人で建立するのは檀家制度が設けられ、家、死者儀礼、墓が寺を中心に一体化された江戸時代以降になる。動物の墓や慰霊碑、供養碑についても同様である。不殺生戒を犯した当時の庶民の心痛は『梁塵秘抄《りょうじんひしょう》』（一一九二年）の「儚き此の世を過ごすとて　海山稼ぐとせし程に　万の仏に疎まれて　後生我が身を如何にせん」（注4）という歌によく現れている。

2 江戸時代（一六〇三〜一八六八年）

近世になると、殺生罪業観の告発と救済が一般にも広く浸透し、狩猟や漁撈に携わる猟師や漁師たちによる動物供養碑が山中や海辺に多数建立されるようになった。

図3　猪鹿千供養塔（日田市小野市木）

東北地方や九州地方の山中には江戸時代に建立された鹿千供養碑（白石市八幡暗木ノ峯）、鳥類猪鹿千丸供養碑（いわき市内郷高野町）、猪鹿千供養塔（図3、日田市小野市木）、熊塚（高千穂町河内）、鳥獣供養碑（佐賀市三瀬、杉神社）など現存しているものが多数ある。

また、鯨漁が盛んになり、寄《よ》り鯨《くじら》漁と捕鯨地域の海岸に鯨供養碑が建立され、現在までに建てられた碑が百基ほど現存している（鯨三十三本供養塔、熊野市二木島など）。さらに、海神として崇められた海亀の墓が海亀の産卵地を中心に一七〇〇年代から多数建立されるようになり、霊亀之墓（豊岡市元町、養源寺《ようげんじ》）など、百五十基ほどが現存している。

江戸時代中期以降には、人と動物の関係が多様化し、慰霊

図4　伊勢参り犬の墓（須賀川市、十念寺）

／供養される動物の種類や慰霊／供養の動機も多様化した。農耕や運輸の牛馬、鷹狩の鷹、伊勢参り犬、愛玩犬猫、稲の害虫、飛来する鶴、雁、コウノトリなどの墓、供養碑、慰霊碑が建てられている。

漁獲される魚の種類が増え、鯡《にしん》や鮪《まぐろ》、鯔《ぼら》の供養碑、魚鱗塔なども漁地に多数建立された。代表的なものを以下に例示すると、牛供養塔（東京都港区、願生寺《がんしょうじ》）、籬（馬）碑（静岡市小鹿、法伝寺別院）、瘞鷂《えいよう》碑（東京都文京区、後楽園）、伊勢参り犬の墓（図4、須賀川市、十念寺《じゅうねんじ》）、唐犬八之墓（東京都墨田区、回向院）、虫供養塔（佐賀市嘉瀬町）、鶴供養碑（養父市大藪、泉光寺）、鯡供養塔（北海道茅部郡森町）、鮪供養塔（尾鷲市須賀利《すがり》、普済寺《ふさいじ》）、鯔塚（潟上市天王町）、江海魚鱗離苦得楽塔（佐伯市米水津、迎接庵）などが挙げられる。

3　明治・大正時代（一八六八～一九二五年）

明治維新の欧米化政策による殖産興業振興により、動物が資源化されて各種用途別の業種に分けられた。その結果、慰霊／供養の対象となる動物の種と量が拡大したのにとどまらず、慰霊／供養をする主体が従来の講中、社中、村落有志などから業界などの団体へと質的転換が行われた。例えば、食肉用動物であれば、その団体として畜産業者、食肉加工業者、食肉販売業者、調理師会、獣医師会などがある。もちろん、従来からあった個人レベルによる建立も引き続き行われた。

　明治大正時代の慰霊碑、供養碑の代表例を業種別に例示すると以下のようになる（カッコ内は建立年を示す）。

農耕・畜産　牛の墓（一八七五年　香川県香川町）、家畜魂神碑（一八九二年　広島市可部町）、牝牛生體解剖供養塔（一八九三年　広島県神石高原町）、海嘯横死牛馬観世音塔（一九二三年　宮古市石浜）、屠畜供養塔（一九〇〇年　東京都港区　食肉市場　図5）、疫牛供養塔（一九一〇年　東京都豊島区　東福寺）

漁　業　鯨塚（一八七〇年　愛媛県明浜町）、海豚供養之碑（一八八二年　静岡県西伊豆町）、鮪之塚（一八九〇年　北海道知内町）、鰯供養塔（一八八九年　伊予市双海町上灘）、鮭追善供養之碑（一九一八年　秋田市川尻）、鮑栄螺海鼠供養塔（一九一七年　臼杵市風成）

図5　屠畜供養塔（東京都港区、食肉市場）

軍事　征清軍戦役馬馬頭尊（一八九五年　長野県波田町）、軍馬碑（一八九六年　北九州市門司区正蓮寺）、征露戦死軍馬碑（一九〇四年　塩尻市洗馬　心念堂）、弔魂之碑（一九〇九年　福島県西郷村小田倉）、陣没軍人軍馬追悼碑（一九二〇年　広島市東区二葉の里）、馬魂碑（一九二一年　遠野市松崎町　八幡宮）

養蚕　蚕御霊神塔（一八七八年　横浜市泉区和泉町）、蟲救護碑（一八九七年　滋賀県日野町　松林寺）、蚕影碑（一八九七年　高崎市箕郷町）

皮革　蛙塚（一九一七年　東京都荒川区　南泉寺）、猫塚（一九一〇年　大阪市西成区　松乃木大明神）

愛玩　福（犬）の墓（一八六九年　宮崎県佐土原町　高月院）、山猫めをと塚（一八八一年　東京都台東区　永久寺）、多摩犬猫霊園（一九二一年　府中市浅間町）、金魚地蔵（一八七〇年　羽咋市千路町）

実験　家畜群霊塔（一九一四年　東京都港区白金台　東大医科学研究所）、犬塚（一九二三年　山梨県昭和町　正覚寺）

4　昭和・平成時代（一九二六年〜）

研究開発の活性化に伴い、実験動物慰霊碑が大学や製薬企業などに多数建立されるようになり、一九八〇年頃ピークとなった。また、魚の養殖や家畜の育種などの動物生命操作が盛んになり、研究や生産過程で死滅する動物を慰霊するために碑が建立された。宅地や工場用地の造成、道路工事や湾岸埋立などの犠牲となった動物の慰霊碑が各地に建立された。

これらを反映して、江戸から大正にわたり碑文に多く見られる供養、観世音、南無阿弥陀仏、法華、離苦、鱗など仏教の殺生罪業観に基づく供養救済に関わる用語が減り、生を絶たれる多数の動物の命への関心を示す魂、霊などを含む碑文が次第に増えてくる。すなわち、殺生罪業観の呪縛から解放されるとともに生命への洞察が深化し、犠牲になった命や生前の貢献への感謝の気持ちが強まったと考えられる。(注5)

愛玩、展示、競技、補助など人と動物の密な関わりは動物愛護心、被災動物に対する慈悲心、反動物虐待の意識を向上させたが、ペットロスやペット殺処分、震災動物の保護などの問題が発生し、それらに関連した碑が多く建立された。

戦時中は軍用動物の慰霊碑が各地に建立されたが、その中には毛皮を徴用された兎、殺処分された動物園の猛獣のものが含まれている。

狩猟は生業からスポーツ的要素へと比重が移り、やがて、猟友会が中心となり猪、鹿、猿などの有害獣処分の役割をも負うことになった。

昭和・平成時代の慰霊碑、供養碑の代表例を業種別に例示すると以下のようになる。

◆戦前　一九二六〜一九四五年

実験　動物慰霊碑（一九二八東京都墨田区　回向院）、宮海号之碑（一九三二年　京都市左京区　京大医学部）、蝦蟇塚（一九三七年　東京都新宿区　笹寺）、戦後になるが、実験動物慰霊碑（二〇〇四年　奈良市南法蓮町　奈良女子大　図6）

養殖・育種　禽霊碑（一九三四年　福島県西郷村　家畜改良センター）、鰻供養魚籃観音（一九三七年　静岡県舞阪町弁天島）、小鮎塚（一九四〇年　米原市上丹生　醒ヶ井《さめがい》養鱒場）、鮭供養塔（一九四五年　岩手県大槌町　鮭鱒人工孵化場）

軍事　満州事変軍馬戦没之塔（一九三三年　仙台市青葉区川内《かわうち》追廻《おいまわし》）、軍馬軍犬軍鳩慰霊碑（一九三九年　名古屋市中区三の丸）、軍馬忠魂碑（一九四〇年　習志野市大久保　八幡公園）、養兎慰霊碑（一九三八年　郡山市麓山　麓山公園　図7）、来恩（ライオン）塚（一九四四年　一関市館町　円満寺）

◆写真右から
図6　実験動物慰霊碑（奈良市、奈良女子大）　図7　養兎慰霊碑（郡山市、麓山公園）

展示　動物慰霊碑（一九三一年　東京都台東区　上野動物園）、萬霊塔（一九三二年　京都市左京区　京都市動物園）

◆戦後　一九四六〜一九八八年

開発　魚貝海虫慰霊碑（一九六二年　堺市出島　船待《ふなまち》神社御旅所）、はまぐりの碑（一九六九年　市原市五井海岸　蛤公園　図8）、狸塚（一九九九年　相生市能下《のうげ》）

競技　鳥塚（一九五五年　京都市北区　大光院）、伝書鳩慰霊塔（一九六二年　宮若市本城　宮若文化村）、へら鮒供養碑（一九六六年　塩尻市塩尻町　みどり湖）

狩猟　鳥獣供養塔（一九五七年　大津市千町）、鳥獣供養碑（一九七四年　秋田県仲仙町豊岡）、鷺魂碑（一九七六年　福島県会津美里町　伊佐須美《いさすみ》神社）

畜産・育種　馬魂碑（一九五〇年　札幌市篠路　篠路《しのろ》神社）、ペンドレーバルクボーイ二世号（豚）之墓（一九五九年　神奈川県寒川町　興全寺《こうぜんじ》）

補助　盲動犬慰霊の碑（一九七〇年　富山市水橋新堀）、

◆写真左から
図9　警察犬慰霊碑（東京都板橋区、家畜博愛院）　図8　はまぐりの碑（市原市五井海岸）

図10　阪神大震災動物慰霊碑（西宮市、甲山霊園）

盲導犬慰霊碑（一九八八年　名古屋市南区　長楽寺）、警視庁警察犬慰霊碑（一九六八年　東京都板橋区　東京家畜博愛院　図9）

殺　虫　しろあり供養塔（一九七一年　和歌山県高野町　高野山）、虫塚（一九八三年　橿原市久米町　久米寺）

殺処分　動物の碑（一九六二年　湖南市岩根　動物保護管理センター）、動物慰霊碑（一九七〇年　甲府市乙黒　動物愛護指導センター）、動物慰霊碑（一九八七年　豊田市穂積町　動物保護管理センター）

◆平成　一九八九年以降

競　技　ライスシャワー（競馬）の墓（一九九五年　登別市上鷲別町　ユートピア牧場）、ベンジャミン号（馬術）追悼碑（一九九六年　横浜市西区　萬徳寺）

震　災　阪神大震災動物慰霊碑（一九九六年　西宮市甲陽園目神山町　甲山霊園　図10）、東日本大震災被災動物の碑（二〇一二年　取手市　被災動物シェルター）、動物

慰霊碑（二〇一二年　福島県南三陸町　徳性寺《とくしょうじ》）

疫　病　宮入貝供養碑（二〇〇〇年　久留米市宮の陣町）、BSEの碑（二〇〇一年　北海道猿払村《さるふつむら》）、口蹄疫慰霊碑（二〇一〇年　福島県西郷村　家畜改良センター　図11）、畜魂慰霊碑（二〇一〇年　宮崎県川南町）

近代以降の特徴

明治維新の大きな変革は自然科学を伴う西欧文明の積極的導入であり、政府により殖産興業が推進されたことにより人と動物の関係が激変した。

図11　口蹄疫慰霊碑（福島県西郷村、家畜改良センター）

肉食が解禁され、畜産が振興された。天武の勅令（六七五年）以降も裏では肉食が絶えなかったが、表立って肉食が可能になった。注目されるのは動物の慰霊碑、供養碑を建立するという民俗は啓蒙思想の対象として啓蒙されるべき事柄であるにもかかわらず、畜産業の発展に伴いますます盛んになったことである。和魂洋才の典型である。先に例示したように畜産に関連する業種別諸団体が競うように碑を建立した。業者は業を支えてくれる多くの生を絶った動物に感謝し、その霊を慰めるとともに業の安全と繁栄を祈願したのである。

富国強兵政策により軍は軍馬を保有して馬匹の改良と数量の確保を計ったが、戦時には多くの馬が農家から徴発された。日清・日露の戦役で戦死した軍馬の慰霊碑、供養碑が飼養者、軍人、軍部などによって各地に建立された。(注6)

殖産興業政策の一環として政府は明治五年(一八七二)にフランスから最新の機械設備を導入して官営の富岡製糸場を設立した。これを契機に近代的製糸業が盛んになり、養蚕農家は全国に広がった。生糸の輸出は政府の財政を支えるとともに、農家に貴重な現金収入をもたらした。養蚕が盛んになると、農家が遅霜《おそじも》や雹《ひょう》によって桑の被害を受けて蚕の飼育を中断して埋葬処分するケースが多くなった。農家は処分した蚕の慰霊碑を建立し、霊を慰めた。

犬は番犬として飼われたが、中には愛玩用として飼育する人もいて、葬儀をしたり、墓を建てたりして話題になった。最初のペット霊園が東京の多摩にできたのは大正十年(一九二一)であった。ペット霊園が雨後の竹の子のように設置されるのは昭和のペットブームになった一九七〇年代からである。

昭和になると展示、補助、競技、愛玩など人間のために供される使役動物の種類がますます多様化し、活躍した動物への感謝の気持ちから、慰霊碑、供養碑が関連施設に建立された。また、ペット霊園が全国的に開設された。

いっぽう、人間によって生を絶たれる犠牲動物の種類と量が飛躍的に多くなったのもこの時代である。動物実験、ペットや有害動物の殺処分、殺虫剤による殺虫などは日常的に行われている。さらに、狂牛病、鳥インフルエンザ、口蹄疫などが流行し、伝染防止のために多数の動物が殺処分された。これらの犠牲動物の霊を慰め、併せて犠牲になる動物の数の減少を決意して碑が建立されている。ペストの伝染防止のために捕獲処分された鼠の塚や疫病で死んだ牛の供養碑は明治時代にも建立されたがグローバル化した近年はその規模が大きくなっている。

道路、港湾、工業用地、住宅地などの大規模開発が進められた結果、犠牲になる動物が多数発生し、それらの動物の命に対しても日本人は負い目を感じ、過去の人間に対する貢献への感謝と慰霊を併せて碑を建立している。

近年、自然災害が多発しているが、阪神淡路大震災、東日本大震災など多くの震災が発生し、それらに伴う動物の犠牲もおびただしい数になっている。災害から動物をどのようにして守るか、被災した動物の救出保護をどのようにするかなどが大きな課題となっているが、犠牲になった動物を悼んで慰霊碑や供養碑が被災地に建立されている。

以上、近現代の動物慰霊碑、供養碑から見た人と動物の関係の特徴をピックアップしたが、先に指摘したように動物慰霊碑、供養碑の建立は飛鳥・奈良時代以降今日まで時代が下るに従いその数が増えている。保存の問題を考慮しても現代の建立数は確かに多い。それに伴い形骸化や画一化の傾向は否めない。業種別団体による建立が主体となるのでやむを得ない現象であるが、碑を建て、年に一度慰霊祭を行えば良いという風潮になれば、動物の命や死に対する眼差しは空《うつ》ろになってしまう危険性がある。

例えば、九州地方には猪や鹿を千匹獲ると祟られるという伝承があり、千匹獲った時に供養碑を建て猟を廃した。江戸時代の千匹塚が山地に多数現存しているが、現在ではこのような風習は廃れている。

また、東北地方には鮭を千匹獲ると木製の供養塔（千本卒塔婆）を建てる風習があったが、漁獲量が多くなると石塔を建て年一度の供養をするようになった。

また、熱海市の割烹調理師会は一九五九年に魚類供養包丁塚を建立して供養を行うようになってからは、それまで続いていた魚の放生会《ほうじょうえ》を中止したという。

一見すると、これらの例は形骸化を示していると考えられる。ただし、現代では当事者のタタリ、ケガレ、ツミなどの意識が希薄になっていることにも起因していることが考えられる。いっぽう、ペットの死や被災動物に対する悼みの発露としての墓や慰霊碑に対する建立者の思い入れには深いものがあることは碑文など(注7)から読み取ることができ、一概に空洞化したと断言できない面がある。

おわりに

本論では動物慰霊碑、供養碑に見る人と動物の関係を時系列に沿った変遷として考察したが、それは主として碑文に立脚したものであり、碑を建立した人の立場に立ったものである。そこでの人と動物の関係は千差万別であり、動物観にも多様性があり、かつ重層的である。

著者は碑を建立する動機の底にある要素として縄文時代のオソレ、弥生時代以降の古神道的ケガレ、タタリ、仏教の殺生戒にみえるツミなどを挙げた。(注2) しかし、現代ではそのような宗教的意識が希薄になり、感謝や哀惜などの感情が建立動機において比重が高くなっている。

碑の建立者の立場を離れて社会的見地から慰霊碑、供養碑の建立に対する評価に触れてみたい。川田順造氏は、(注8) 動物の霊に感謝と慰霊を捧げる慰霊碑は他の命を犠牲にすることなしに生きられない人間がそれを自覚することでこの宿命を乗り越えようとするものであると評価している。いっぽう、中牧弘充氏(注9)と中村生雄氏(注10)は事後処理としての供養が痛みやうしろめたさを解消するなら、動物の命や資源を簒奪することへの歯止めにならず、公認することになると批判的である。亀山純生氏(注11)は仏教の生命平等性や不殺生戒と供養儀礼あるいは神道の穢れや祟りと祓いや鎮魂といった儀礼はそれぞれ相殺する二面性を孕んでいるため、自然破壊や動物殺傷に対する抵抗を解除するとしている。奥野克巳氏(注12)はアニミズム的自然崇拝と自然に対する慎み深さを直接結びつけることには慎重であるべきであると指摘している。

著者は上記の指摘はいずれももっともであると考えるが、建立者が碑に求めるのは心の癒し、感謝の表明、業の繁栄と安全祈願などの機能であり、それと自然保護などは切り離して考えるべきであると考える。それらには規制などの手段が適当であろう。

最後に、調査した五百基の動物塚に現れた動物(一一六種)の中で登場回数の多い十種を挙げると、①ウマ:81、②イヌ:49、③ウシ:32、④クジラ:22、⑤ウミガメ:20、⑥ネコ:16、⑦ブタ:10、⑧サケ:10、⑨シカ:9、⑩カイコ:8の順になっている。

※初出「動物慰霊・供養碑に表われた人と動物の関係の時代変遷」(『動物観研究』No.19、11〜18頁、二〇一四年)を加筆修正した。

注　記

（1）依田賢太郎「動物塚建立の動機にみるヒトと動物の関係」『動物観研究』No.10、9～16頁、二〇〇五年

（2）依田賢太郎『どうぶつのお墓をなぜつくるか』社会評論社、二〇〇七年

（3）依田賢太郎「外国にある動物の墓・慰霊碑にみる人と動物の関係」『動物観研究』No.18、9～16頁、二〇一三年

（4）小林芳規他校注『新日本古典文学大系56』『梁塵秘抄　閑吟集　狂言歌謡』岩波書店一九九三年

（5）一例として、北大獣医学部が二〇〇三年に建立した二代目の畜魂碑の碑文を示す。「本畜魂碑は本学獣医学部並びに獣医学研究科において、獣医学研究のために供された多数の実験動物並びに本学付属家畜病院において治療の効無く死亡した家畜、愛玩動物に対して、厚い感謝と深い哀惜の念を籠め、これら動物達の魂を慰霊するために建立されたものである」

（6）依田賢太郎「軍用動物慰霊碑にみる人と動物の関係」『動物観研究』No.13、3～38頁、二〇〇八年

（7）一例として、NPO法人動物愛護を考える茨城県民ネットワークが東日本大震災での立ち入り禁止区域内で犠牲になった動物のために二〇一二年土浦市に建立した慰霊碑の碑文を示す。「私がささやいた　冷たかったね　あの日の雨は　花がささやいた　さみしかったね　あの日から　人がささやいた　ごめんねわすれないよ　君たちのこと　この丘から羽ばたいて　総てのいのちを見守る　ほしとなれ　今度うまれてくるときは　原発と殺処分機のない時代」

（8）川田順造『文化人類学とわたし』青土社、二〇〇七年

（9）中牧弘允『宗教に何がおきているか』平凡社、一九九〇年

（10）中村生雄『祭祀と供犠―日本人の自然観・動物観―』法蔵館、二〇〇一年

（11）亀山純生「日本仏教思想における動物観」『動物観研究』No.5、35～45頁、一九九九年

（12）奥野克巳『人と動物、駆け引きの民族誌』はる書房、二〇一一年

参考文献

岡田真美子編『小さな小さな生きものがたり―日本的生命観と神性―』昭和堂、二〇一三年
末木文美士『日本宗教史』岩波書店、二〇〇六年
田口理恵、関いずみ、加藤登「魚類の供養に関する研究」『東海大学海洋研究所研究報告』No.32、53～97頁、二〇一一年
田口理恵編『魚のとむらい―供養碑から読み解く人と魚のものがたり―』東海大学出版会、二〇一二年
長野浩典『生類供養と日本人』弦書房、二〇一五年
原田信男『なぜ生命は捧げられるか―日本の動物供犠―』お茶の水書房、二〇一二年
中澤克昭編『人と動物の日本史2　歴史のなかの動物たち』吉川弘文館、二〇〇九年
中村生雄、三浦佑之編『人と動物の日本史4　信仰のなかの動物たち』吉川弘文館、二〇〇九年
西本豊弘編『人と動物の日本史1　動物の考古学』吉川弘文館、二〇〇八年
松崎憲三『現代供養論考―ヒト・モノ・動植物の慰霊―』慶友社、二〇〇四年

II　モノグラフ

動物慰霊碑（天王寺動物園）

1・飼育動物

イヌ（犬）

〔概説〕人類はさまざまな野生動物を家畜化してきたが、最初に家畜化した哺乳動物はイヌであった。イヌの先祖はオオカミと考えられている。いつオオカミから分化し、いつ、どの地域で家畜化されたかは諸説があってはっきりしないが、数万年前に分化し、その後ユーラシア大陸のどこかで家畜化されたものであろう。イヌの埋葬例としては、イスラエルのアインマラハにあるナツフィアン遺跡で一万二千年前の墓から成人女性の左手で抱えられた子犬の骨が発掘されている。

日本列島のイヌはニホンオオカミを家畜化したものではなく、縄文時代に南方系の家畜化されたイヌが入り、弥生時代から古墳時代にかけて北方系の家畜化されたイヌが入ったものと考えられている。神奈川県の縄文遺跡夏島貝塚から約一万年前の犬の骨が発掘されていたが、愛媛県の上黒岩岩陰《かみくろいわいわかげ》遺跡から七千二百〜三百年前と年代が確定された埋葬縄文犬の骨が発掘された。これが年代の確定された最も古い埋葬例であるが、他にも埋葬縄文犬の骨は日本各地で発掘されている。縄文人は採集・狩猟・漁撈生活をしていたが、イヌを家畜として狩猟に用い、家族の一員として大切に扱った。死ぬと人と同様に丁寧に土壙墓《どこうぼ》に屈葬した。人と合葬したケースもある。

縄文人がイヌを食用にした形跡はないが弥生時代の遺跡からは食用に供されたイヌの骨が出土し、逆に埋葬されたイヌの骨は出土しない。イヌの扱いに明らかな変化が起った。これは大陸から渡来した弥生人の食文化の影響と考えられている。以後、紆余曲折はあったが、裏では犬肉食は昭和の中頃まで続いた。

古墳時代から奈良時代には天皇や豪族が狩猟犬や番犬としてイヌを利用した。そして、これらの犬の墓がある。

応神天皇の犬墓

(兵庫県西脇市堀町、犬次神社)

応神天皇の犬墓に関する記録が『播磨國《はりまのくに》風土記《ふどき》』託賀郡の部にある。

「伊夜丘《いやをか》は、品田《ほむだ》の天皇《すめらみこと》の獦犬《かりいぬ》名は麻奈志漏《まなしろ》、猪《ゐ》と此の丘に走り上りき、天皇、見たまひて、「射よ」とのりたまひき、故《かれ》、伊夜丘といふ。此の犬、猪と相闘ひて死にき。即ち、墓を作りて葬しき。故、此の丘の西に、犬墓あり。」

　イノシシと闘って死んだ天皇の猟犬麻奈志漏《まなしろ》を埋葬した地と推定される場所には後代に犬次《いぬつぎ》神社が建てられている。

応神天皇の犬墓　神社

捕鳥部萬の白犬墓

(大阪府岸和田市天神山町、義犬塚古墳)

『日本書紀』崇峻《すしゅん》天皇即位前期には物部守屋《もののべのもりや》に仕えた武将捕鳥部萬《よろず》の白犬墓の記事がある。物部守屋が曽我馬子に滅ぼされたとき、河内で討ち死にした萬の死骸を守り餓死した白犬の事を聞いた天皇はこのイヌを褒め、後世の範とするように墓を作って埋葬するように命じた。萬の一族が有眞香邑《ありまかむら》に萬の墓と並べて白犬の墓を造立した。その白犬の墓と推定される小古墳(義犬塚古墳)が岸和田市にある。古墳上には江戸時代に石碑が建てられている。

　他に聖徳太子の愛犬**雪丸の墓**とされる犬墓が太子ゆかりの達磨寺(奈良県王子町)にある。また、奈良県吉野町窪垣内には天武天皇ゆかりの**犬塚**がある。

　平安時代以降、飼犬、地域犬、野犬の三種のイヌがいるようになった。平安時代には猟師や上流階級の人々は猟犬や愛玩犬を飼っていたが、個人が飼う場合より地域で世話する地域犬が一般的であり、放し飼いが主流であった。野犬化して残飯や人の死体を漁ったりすることがあった（『餓鬼草子』、『北野天神絵巻』など）。藤原定家は『名月記』で「放犬多くして致す所か」と記し、『枕草子』九段には翁丸と名づけられた放し飼いのイヌが登場する。翁丸は宮中で可愛がられていた猫を脅したために宮中から追放されてしまう。だが、このような地域犬の墓などは残されていない。『大鏡』第六巻にはイヌの法事に高僧が招かれて読経する記事が記されている。個人が飼っていた特別なイヌは大切にされたことを物語っている。

義犬の墓

（大阪府泉佐野市大木、七宝龍寺）

平安時代の伝説に義犬が登場する話が各地に残されている。泉佐野市の犬鳴山七宝龍寺《いぬなきさんしっぽうりゅうじ》に大蛇伝説に関る義犬の墓がある。墓の説明文には次のように記されている。

義犬の墓　石像

「宇多天皇寛平二年（八九〇）三月十五日紀伊の国の猟夫当山の行場である蛇腹付近に鹿を追った時、樹間に大蛇あり、猟夫を呑まんとす。猟夫その由を知らず。愛犬しきりに鳴いて猟を遮ぎぬ。猟夫怒りて愛犬を切る。愛犬の首飛んで大蛇に噛みつき、共に倒る。猟夫我が生命を守りし義犬を弔わんが為に剃髪して、庵を結んで余生をおくりたりと、その事朝聞に達し、一乗山改め犬鳴山の勅号を賜った。」

猟師がイヌの遺体を埋め、その上に弓を折って卒塔婆にしたといわれる墓には設置年代不詳の義犬石像が残されている。犬鳴山は全体が役行者の開いた修験道の道場であった。なお、類似の義犬伝説は兵庫県相生市能下、徳島県つるぎ町一宇、香川県琴南町、滋賀県多賀町にもあり、それぞれに墓がある。犬の忠誠心を讃えるものであるが、猟師と猟犬の絆の深さを物語っている。

弘法大師空海をめぐる動物譚は多いが、大師を高野山に導いたというイヌに関る伝説があり、大師ゆかりの犬墓もある。阿波市市場町犬墓には大師の愛犬の墓があり、享保年間に立てられた石碑が残っている。

霊犬早太郎の墓

（長野県駒ヶ根市、光前寺）

鎌倉、室町時代にも義犬伝説は現れる。十四世紀の伝説には悉平《しっぺい》太郎とか目検枷《めたてかい》とか呼ばれる人身御供《ひとみごくう》に関る義犬が登場する。

駒ヶ根市の光前寺には早太郎（悉平太郎）の墓がある。

七百年ほど昔、諸国をめぐっていた六部（旅の僧）が遠州見附の宿にさしかかると大きな家の一家中が泣き悲しんでいた。家の屋根棟に白羽の矢がたって氏神（矢奈比売天神）の人身供養に一人娘を出さねばならないのだという。娘を差し上げなければ祟りを受けて疫病や大風に見舞われるといわれる。六部は娘の身代わりに女装して唐櫃《からびつ》に入り、神社の前にかつがれていった。やがて大きな足音が聞こえ、「こよいこんばん　おるまいな　信州信濃の早太郎」とよばわり、櫃の上で踊りはじめた。「このことばかりは　知らせるな　悉平太郎には知らせてくれるな」とうたいながら踊った。六部が中で騒ぐと、怪物は箱を開こうとして争いとなったが、夜明けとともに逃げてしまった。六部は信濃の国を訪ね歩き、上伊那郡赤穂村上穂の光前寺に早太郎という犬がいることを知った。駒ヶ岳の山犬が寺の縁の下で五匹の子犬を産み、その一匹を和尚に残していったという。この子犬は和尚に可愛がられてたくましい猛犬に育った。六部は翌年の祭りに早太郎を借りてきた。そしてこの年の人身御供の娘に代わって早太郎を櫃に入れて供えた。やがて真夜中になると怪物があらわれ「こよいこんばん　おるまいな　信州信濃の早太郎」とうたいながら箱の蓋をとろうとした。そのとき早太郎が猛然と飛び出し、怪物と激しい格闘が始まった。翌朝、氏子たちが神社に行ってみると、大きな狒狒《ひひ》（老猿）が三匹倒れ

早太郎の墓　五輪塔

ていた。いっぽう、傷ついた早太郎は天竜川沿いにやっとの思いで故郷の光前寺に帰り、息を引きとった。以後、人身御供の風習はなくなった。光前寺には霊犬早太郎の墓と石像がある。

　このようにサルなどの怪物を退治するために犬を利用する話は全国各地に残されている。この猿神（祟り神）伝説にまつわる説話の起源は室町時代後期に成立した『今昔物語集』巻第二十六巻第七にある「美作國神依猟師謀止瀬生贄語」とされ、中でもよく知られている犬墓としては、山形県東置賜《ひがしおきたま》郡高畠《たかはた》町高安《こうやす》にある**犬の宮**、滋賀県長浜市平方《ひらかた》町、平方天満宮にある**目建解《めっけんげ》の墓**、兵庫県姫路市香寺《こうでら》町犬飼《いぬかい》にある神明《しんめい》神社の**犬塚**などがあげられる。しかし、高安の話では猿神の化身として現れるのはタヌキであり、平方では、カワウソともサルともされる。土地になじみのある動物に変えられているのであろう。

犬塚　自然石

蓮如聖人犬墓

（滋賀県大津市逢坂）

　大津市逢坂《おうさか》には蓮如上人《れんにょしょうにん》（浄土真宗中興の祖）にまつわる犬墓がある。寛正六年（一四六五）比叡山延暦寺《ひえいざんえんりゃくじ》の衆徒《しゅと》による襲撃に遭い、京都東山大谷を追われた蓮如上人は大津に逃れた。別所近松坊舎《ぼうしゃ》を住まいとしていた上人が北陸への布教を思い立ったので、三井寺円満院《みいでらえんまんいん》の僧正が別れの宴を設けた。その折、上人の人気を快く思わない延暦寺の僧侶に買収された料理人により上人が毒殺されそうになったとき、庭に控えていたお供の忠犬が飛び込んできて、料理を食べて身代わりとなって死んだ。このイヌを葬った塚に欅の木を植えて弔った。その欅といわれる老大木（直径約二メートル、樹高約19メートル）が現存して

民俗学・文化人類学

写真紀行

雲のうえの千枚ダム

中国雲南・大棚田地帯

西谷大／著・写真

本体2400＋税

復興キュレーション

語りのオーナーシップで作り伝える〝くじらまち〟

加藤幸治／著

本体2300＋税

文化遺産シェア時代

価値を深掘る〝ずらし〟の視角

加藤幸治／著

本体1800＋税

民俗の記憶

俳諧・俳句からみる近江

篠原徹／著

本体1800＋税

民俗学断章

篠原徹／著

本体2300＋税

酒運び

情報と文化をむすぶ交流の酒

ほろよいブックス編集部／編

野添憲治、斎藤弘美、井上逸兵、上野明子、宮沢聰、迫内祐司、巻島隆、相馬高道、真板昭夫、川端正吾ほか／著

本体1900＋税

いて、昭和四十年（一九六五）に大津市指定文化財・天然記念物に指定されている。

類似の話は日蓮上人にもあり、山梨県身延《みのぶ》町上沢寺《じょうたくじ》の「逆さ銀杏」にまつわる伝説に上人を毒殺から救った白犬が登場する。

華丸の墓

（長崎県大村市古町、本経寺）

江戸時代には史実に残る義犬の墓が現れる。大村市古町《ふるまち》の本経寺《ほんきょうじ》に華丸の墓がある。

華丸は小佐々《こざさ》右衛門前親の愛犬である。前親は肥前国《ひぜんのくに》大村藩の家老で三代藩主大村純信《すみのぶ》の幼少年期の傅役であったが、純信が三十三歳の若さで江戸表で逝去したとの悲報に接し、慶安三年（一六五〇）六月に追腹して殉死した。前親は大村家の菩提寺である本経寺で火葬されたが、このとき華丸が主人の死を悲しんで涙して鳴き、荼毘《だび》の炎の中に飛び込んで焼死した。藩主の死に殉じた忠臣と忠臣に殉じた義犬のことを「武士道の鑑《かがみ》」として後世に伝えるため、高さ三㍍メートルの前親の大型墓に並んで高さ90㎝の華丸の墓が建てられた。

皓の墓

（大阪府東大阪市東豊浦町、観成院）

大阪の戯作者であり、犬の飼養法を記した『犬狗養畜伝《けんくようちくでん》』の著者でもある暁鐘成《あかつきのかねなる》の愛犬皓《しろ》の墓である。石に刻まれた碑文の前に皓の像がある。碑文の漢文は風化により一部判読できない個所があるが大意は、「鐘成が愛犬を連れて、天保六年（一八三五）秋八月二十一日の早朝（暗峠を越えて奈良に行く）途中で賊に遭い、皓が身代わりになって殺されたことを大変悼んで磁製の甕に入れて葬り、弔いを行い、天保山下の僧に追悼の弁を請うた。大衆も加わった。慰霊のために碑を建て、友人浦高積が詠んだ以下の詩を記す。嗚呼霊獣　生愛虎惜　埋封建碑　其魄茲宅　天保六年未乙九月二十一日暁鐘成立」となる。

皓の墓　石像・碑文

義犬、忠犬は犬の習性に基づくものであり、世界中に存在し、一部の墓も建てられているが、その墓がとりわけ日本に多いのは注目される。日本人は身近な動物をとても可愛がる傾向が強いといえる。ただし、いっぽうで奈良時代以降は鷹狩りのタカの餌にしたり、近年は多数のペットが家族から見放され殺処分されているような側面もある。このような曖昧さ、二重性は日本文化の特徴のひとつであるが、動物愛護や環境保護の法制化、国際関係などでしばしば問題になる。

伊勢参り犬の墓

（山梨県上野原市新井、明神社）

変わったイヌの墓がある。上野原市の明神社にある伊勢参り犬の墓である。

伊勢参り犬の墓　自然石

碑表：天照皇大神宮

右：安政六己未正月、当村より去る午冬生まれの牡犬に伊勢参宮の札を付送り出せしを、宿々村々の力もて首尾よく詣をとげかへりしを、其儘捨ておくは本意なしと村内一致の心より弥生月のけふ天照御神をこれに勅して祭る事とはなりぬ

碑裏：神風や伊勢の便りの麗しさ

虚楽坊

このイヌは上野原村の奈良重三郎が飼っていた安政五年（一八五九）十月生まれ牡の甲斐犬で、田尻宿の伝馬衆に頼んで伊勢代参をさせた。首に伊勢参り犬と書いた札をつけたこのイヌは道中申し送りで、問屋で泊められ、甲府から木曽路を経て名古屋に出て伊勢に到着、桃之井という神官からお札を戴き、五十余日目に無事帰着した。評判になったこのイヌは村役人一同に伊勢と名づけられ、村共同の飼い犬として大事に飼われたが、三年後に病死した。死骸は鎮守の宮の前に埋め、碑が建てられた。伊勢参り犬の墓は須賀川市池上町の十念寺や群馬県長野原町大津にもある。

近代以降になると人とイヌの関係は多様化し、従来の狩猟犬、番犬、愛玩犬などに加えて、軍用、警察、実験、牧羊、麻薬探知、盲導、聴導、介助、救助、セラピー、競技、演技、橇引きなどへと拡大して現在に至っている。これらに伴って犬種も多くなっている。

犬塚（山梨県中巨摩郡昭和町西条新田、正覚寺）

正覚寺《しょうかくじ》の本堂脇の墓地入り口に苔むした小祠《しょうし》がある。この小祠は日本住血吸虫症の患者の治療とこの病気の撲滅に私財を投じて心血を注ぎ、医師としての生涯を捧げた杉浦建造が発起人となり中巨摩郡により大正十二年（一九二三）に建立された。杉浦は伊藤博文の侍医の門下で医学を修め、明治二十四年（一八九一）に帰郷して開業した。

犬塚　石祠

日本住血吸虫症は日本住血吸虫の寄生により発症する人獣共通感染症であるが、特定の水系流域の六地域（一都九県に及ぶ）にのみに流行する風土病である。主罹病地域は山梨県の釜無川、笛吹川流域の甲府盆地最低部一帯、広島県の高屋川流域の福山市神辺町片山地区、福岡県の筑後川流域の久留米市周辺などであった。感染すると皮膚炎を初期症状とし、高熱と消化器症状を呈し、慢性化、重症化すると肝硬変による黄疸や腹水を発症し、最終的には死に至る。その原因究明には百年以上の歳月を要し、平成八年（一九九六）に日本では撲滅が達成されて終息宣言が出された。解明には官民を挙げた多数の人々が関与したが、岡山医学専門学校教授・桂田富士郎と山梨県の開業医・三上三朗による日本住血吸虫の発見（一九〇四年）、京都帝大教授・藤波鑑らによる感染経路の特定（一九〇九年）、九州帝大教授・宮入慶之助と助手・鈴木稔による中間宿主宮入貝の発見（一九一三年）などを経て原因が解明された。さらに、病気の治療法や中間宿主の撲滅法の開発が進んで撲滅を達成することができた。

杉浦建造の他その娘婿三郎、大鎌田村の三上三朗、石和村の吉岡順作などの山梨県の郷土医が地方病（日本住血吸虫症）の撲滅に多大な貢献をした。正覚寺に隣接する杉浦医院は、現在、風土伝承館杉浦醫院として一般公開されている。また、福岡県久留米市宮ノ陣町の新宝満川公園には平成十二年（二〇〇〇）に筑後川流域宮入貝撲滅対策連絡協議会により宮入貝供養碑が建立された。なお、日本住血吸虫病の研究に対して桂田富士郎と藤波鑑に大正七年（一九一八）日本学士院賞が授与された。

南極地域学術隊　樺太犬供養塔（北海道稚内市、稚内公園）

南極の探検や調査に参加した樺太犬がある。大正元年（一九一二）一月、白瀬矗《しらせのぶ》を隊長とする日本人初の南極探検隊員五人は、基地に観測隊員二人と傷ついた犬一頭を残し、二十八頭の樺太犬にソリを引かせて南極点を目指した。極寒と猛烈な暴風雪の中を八日間に三百㎞も走り、南緯80度5分、西経156度37分に到達した。この隊員の中には二人の樺太アイヌがイヌの世話係として参加していた。最初のイヌは樺太と函館からそれぞれ二十五頭と五頭が提供されたが、木造輸送汽船「開南丸」が赤道通過の際、炎天下に次々と死に、新たに日本から三十頭のイヌが再輸送された。役目を終えて南極から離れる時、天候が急変し、流氷が迫り、六頭は船に乗せることができたが、二十三頭は南極に置き去りにしなければならなかった。

樺太犬供養塔　三角錐石塔

昭和三十年（一九五五）、日本が南極観測に参加することが決まり、極地での物資輸送を目的に犬ゾリ隊が編成された。稚内公園で訓練を受けて選抜された北海道の樺太犬二十二頭が観測隊員と共に観測船「宗谷」で一九五六年十一月東京を出発、翌年一月に南極のオングル島に到着した。犬たちは昭和基地をベースにマイナス30度を超える極寒とブリザードの吹荒れる中、第一次越冬隊員と共に一年間の任務を果たした。一九五八年二月、第二次越冬隊員を乗せた「宗谷」は厚い氷に阻まれて身動きできなくなり、第一次越冬隊員だけを収容したが、交代要員の上陸は断念して帰国せざるを得なかった。この時、鎖に繋がれた十五頭の樺太犬が交代要員を迎えることとなく基地に残されるという悲劇が再び起きてしまった。イヌを鎖に繋いで南極に置き去りにした隊員への非難が国内外で巻き起こった。

昭和三十四年（一九五九）一月、第三次越冬隊が南極を訪れた時、二頭のイヌを発見した。それはタロとジロの兄弟であった。十一か月もの間、極寒の南極で奇跡的に生存を果たしたタロとジロの報に世界中が感動した。七頭は鎖に繋がれたまま死に、鎖を外れた八頭のうちの残り六頭は行方不明であった。ジロは帰国直前に病で急死し、生還したタロは北大で余生を過ごして一九七〇年に死亡した。タロとジロの遺体は剥製としてそれぞれ北大農学部附属博物館および国立科学博物館に保存されている。昭和三十五年（一九六〇）七月に「南極観測樺太犬訓練記念碑」が、一九六一年十月には「南極地域学術隊　樺太犬供養塔」が稚内公園に建立された。

人間の役に立つように特別に訓練された犬たちが様々な分野で活躍している。

盲導犬慰霊之碑

（富山県富山市水橋新堀）

身体障害者補助犬法が二〇〇二年に施行され、盲導犬、聴導犬、介助犬が注目されるようになった。とりわけ盲導犬は一千頭ほどが日本で活躍していて、街で見かけることも多い。葛飾北斎の漫画に視覚障害者らしき人に繋がれたイヌの絵があるものの、盲導犬であるかどうかは定かでない。

日本最初の盲導犬は一九三九年

盲導犬慰霊之碑　石柱

にドイツから輸入されたジャーマン・シェパード種の四頭であるとされる。盲導犬はドイツ軍により軍用シェパード犬を訓練して実用化された。そのドイツから輸入された盲導犬はリタ（牝）、アスター（牝）、ボド（牡）、ルティ（牝）と名づけられたイヌたちであり、東京第一陸軍病院で再訓練を受けて日本で実用化された。リタ（一九三六〜一九四五年）の最初の使用者は富山市の平田宗行さん、二人目の使用者は大分市の安部米吉さんであった。二人は第二次世界大戦において中国戦線で失明した軍人であった。リタは優秀な盲導犬として立派に役割を果たしたが、フィラリアにより大分市で死んだ。安部さんは遺体を自宅近くの花畑に埋葬したといわれる。

一九七〇年に建立されたリタの慰霊碑が富山市の平田家墓地の一角にある。建立者は元東京第一陸軍病院看護婦長松山ハナと平田宗行である。松山ハナはリタの再訓練に熱心に協力した人である。正面に「盲導犬慰霊之碑」と刻された石碑の右面には「リタ―フォン　デル　リッツエンブルグ　昭和十四年三月ドイツより輸入されたわが国初の盲導犬である　東京第一陸軍病院　婦長松山ハナ」と刻まれている。なお、ボド（一九三七〜一九四五年）の墓は四人目の使用者山本卯吉さんにより池田市の山本家墓地の一角に建立された。失明軍人であった山本さんは次のような歌を残している。

「盲導犬ボドの石像の草を抜き　香花たむけて心経となふ」

ドイツより輸入された盲導犬の子孫たちとは別の国産盲導犬の第一号はシェパードのチャンピイ号（一九五五〜一九六七年）である。このイヌはアメリカの軍人W・C・ノーベル大佐より贈られ、塩屋賢一により訓練、一九五七年より彦根市の可相洌さんの盲導犬として活躍した。

現在、日本では盲導犬協会やアイメイト協会など九施設により盲導犬が育成、貸し出されて各地で活躍中（一千頭弱）であるが、まだまだ不足している。主な犬種はイギリスで実用化されたラブラドール・レトリバーである。これらの盲導犬は十〜十二歳で引退し、ボランティアの家や盲導犬訓練センターで余生を送る。盲導犬の慰霊碑が訓練センターなどに設置されている。

ハチ公の墓

（東京都港区南青山、青山霊園）

日本を代表する忠犬としては亡き主人の帰りを決まった時間に渋谷駅の改札口で待ち続けたハチ公（一九二三〜一九三五年、秋田犬）がある。ハチ公の墓は飼主・上野英三郎さんの墓地（青山霊園）の一角にあり、分骨が埋葬されている。

なお、遺骸は剥製にされ、国立科学博物館に保存されている。日本では、ペットを人の墓地に埋葬することやペットと人の合葬は珍しいことではなく、夏目漱石の『吾輩は猫である』のモデルになったネコは雑司が谷霊園にある夏目家の墓に埋葬された（自宅の庭に埋めたともいわれている）。現在のペット霊園にも合葬可能な「with pet 墓」が各地にある。

キリスト教圏の欧米では、宗教上の理由から、教会墓地や公共墓地に動物を埋葬することはなく、人との合葬は考えられない。ただし、例外はある。米国大統領フランクリン・ルーズベルトは愛犬ファラ（スコッチテリア種）を絶えず身近に置いて可愛がり、死後もファラは大統領の墓のそばに埋葬された。

二〇一五年東大農学部（東京都文京区弥生）にハチ公と飼い主の元東大教授上野博士のブロンズ像が建立された。二〇一二年には博士の故郷である津市の近鉄久居駅前にも建てられている。ハチ公単独の像は渋谷駅前、大館駅前、大館駅ホーム、韓国の全羅北道呉癌里にある義犬公園、カンボジアのプノンペン市ノロドム通りにもある。（外国にある忠犬の墓については依田「外国にある動物の墓・慰霊碑にみる人と動物の関係」『動物観研究』18（9〜16頁）、二〇一三年を参照）

動物慰霊碑

（山梨県中央市乙黒、山梨県動物愛護指導センター）

この施設は様々な事情で飼うことが困難になったペット動物を引き取ったり、野犬などを収容したりして一定期間保護し、希望者に譲渡し

動物慰霊碑（犬魂）石板

たり、処分したりする施設であり、施設の一角に「犬魂」と刻まれた洋型墓様の石碑がある。裏面には「昭和四五年秋彼岸　山梨県」とある。その碑の近くに県内から集められた旧動物慰霊碑が四基設置されている。それらの碑には「鳥獣供養塔」(小笠原保健所、昭和二年)、「畜犬供養之塔」(身延保健所)、「南無阿弥陀仏…」(大月保健所)などと記されている。これらの碑は殺処分や保護留置により命を絶たれた動物たちを慰霊するためのものである。犬魂碑の前では県内の関係者が集まり春秋彼岸に慰霊祭を行う。

昭和二十五年(一九五〇)に狂犬病予防法が制定され、予防注射と畜犬登録が義務づけられたが、この義務に従っていないとみられる犬などの動物を抑留したのが保健所であった。保健所に動物慰霊碑が建立されるようになった。そして、一九七三年に「動物の保護及び管理に関する法律」(動管法)が制定されると、法で義務付けられた野犬の収容やペットなどの引き取り行政と狂犬病予防行政がこの法律により一本化され、犬猫などの引き取り所の設置が都道府県と政令指定市に義務づけられ、動物保護管理センターが設置された。その後、動物愛護の機運が高まり、一九九九年に動管法は「動物の愛護及び管理に関する法律」として改正された。この過程で「動物愛護センター」という名称が多くなった。現在の動物愛護センターでは、動物愛護の啓発や動物とのふれあいと譲渡の機会を作り、殺処分される動物を極力少なくする活動と動物収容と処分の活動が行われている。それらの努力の結果、一九七四年に一二二万一千頭あった全国の犬猫の殺処分数は二〇一三年には十二万八千頭に減少している。

全国の動物愛護センターなどには動物慰霊碑が建立されている。

警視庁警察犬慰霊碑
(東京都板橋区舟渡、東京家畜博愛院)

博愛院は昭和十年(一九三五)にペット霊園として開院、昭和三十七年(一九六二)より火葬を開始した。ペットの墓群の奥に高さ二メートルを超えるひときわ目立つ石碑が警察犬慰霊碑である。碑表には「警視庁警察犬慰霊碑　第六十七代警視総監秦野章書」、碑裏には「警察犬は昭和三十一年四月以来警視庁の一員として犯罪捜査に活躍しかずかずの難事件の解決につくしている。首都治安の重責を忠実に果たし、ここに永眠する多くの警察犬の霊をなぐさめ、在りし日のいさおしをとこしえにたたえるため、この碑を建立した。　昭和四十三年七月　警視庁刑事部長　警視監　土田國保」と刻まれている。墓誌には「君は永遠にここに立っている　生前の動を　誇ることなく　昭和四十三年七月　鑑識課長　芹沢常行」　墓誌裏にエルク号以下三十一匹の名前が刻まれている。

ネコ（猫）

〔概説〕ネコの先祖はリビアヤマネコで、約五千年前にエジプトで家畜化された。穀物を食い荒らすネズミを食べるために穀物倉庫に住み着いたネコを飼いならしたと考えられる。日本には六世紀に仏教経典をネズミから守るために大陸から船に積まれてきたとされていたが、長崎県壱岐市のカラカミ遺跡（弥生時代中期、紀元前三世紀）から、イエネコの骨が出土し、見直しがなされている。

平安時代には宮中で飼われ、『源氏物語』や『枕草子』にも登場し、藤原頼長の日記『台記』には、子どもの頃によく世話した飼猫が死んだ時、衣に包んで棺に入れて丁重に埋葬したことについての記録が記されている。

この時代のネコはイヌとは異なり紐に繋がれて身近で可愛がられていた。しかし、平安時代の飼猫の墓などは残されていない。

猫塚（横浜市金沢区東朝比奈、千光寺）

室町時代のネコ墓が横浜市金沢区東朝比奈《ひがしあさひな》の千光寺《せんこうじ》にある。

六浦千光寺が元あったところに金沢猫の猫塚石碑があったが、千光寺が朝比奈に移転したのに伴って猫塚も移転した。この辺りでは唐猫のことを「かな」というが、「かな」とは金沢猫の略称である。昔、唐船が三艘の浦に着いたとき、連れてきたネコが死んだのを埋めて、そのしるしに碑を建てたものだという。鎌倉時代に、武蔵国金沢称名寺《しょうみょうじ》に北条実《さね》時《とき》という武将が建てた文庫（金沢文庫）があって、蔵書が多く収められていた。中国から書が多く舶載《はくさい》されてきたとき、ネズミの害を防ぐために唐からよいネコを乗せて来た。そのネコの種を金沢猫といっているのを、略して「かな」とつけたのだそうである。

猫神（鹿児島市吉野町磯、仙巌園）

文禄役（一五九二年）・慶長役（一五九七年）で朝鮮に従軍し、瞳孔の開度により時を知らせたネコの墓が鹿児島市の仙巌園にある。

薩摩藩島津家の別邸であった仙《せん》巌園《がんえん》（磯《いそ》庭園）に猫神という神社があり、石塔が建っている。説明文には「文禄慶長の役に活躍した島津家十七代義弘は七匹の猫を朝鮮半島まで連れて行き猫の目の瞳孔の開き具合によって時刻を推測したといわれています。この神社には生還した二匹の猫の霊が祀られており、六月十日の時の記念日には鹿児島市の時計業者の人々のお祭りが行われています。」また、「十七代島津義弘が朝鮮出兵に連れて行った猫七匹のうち、生還した二匹を祀っています。当時、猫の瞳孔の開き具合で時刻を推測したことにちなみ、猫神は時の神社ともされています。これらの猫は、黄、白二色の波紋で義弘の次子久保に愛せられ〝ヤス〟と命名されていました。久保は二十一歳の若さで朝鮮で病死しましたが、以来この猫を〝ヤス〟と呼ぶようになったといわれています。」この猫神は鶴丸城北の護摩所にあったが、天明六年に当地に遷座したものである。

猫神　石塔

『時計のかわりになった猫』（田中祥太郎著、廣済堂出版、一九八七年）によると〝六つ（六時）丸く五（八時）・七（四時）卵に四つ（十時）八つ（二時）は柿の核なり九つ（正午）は針〟などの数え歌があったという。

鍋島猫騒動の猫塚

（佐賀県白石町福田、秀林寺）

戦国時代が終わり、肥前の領主が龍造寺家から鍋島家に変った頃に鍋島の化け猫騒動という怪異が起った。龍造寺隆信の死後、隆信の補佐役であった鍋島直茂が実権を握り、子の勝茂が初代佐賀藩主となった。二代目藩主光茂は有明海の干拓奨励と鷹狩りのため秀屋形《ひでやかた》で過ごした。

猫塚　石祠

夜は碁に興じ、その相手は臣下の龍造寺又一郎という名人であった。ある夜、二人が碁を打っていると、又一郎が急に叫んだり跳んだりしたので、恐ろしくなった光茂は又一郎を斬殺した。又一郎が殺されたことを聞いた盲目の母は飼猫に無念の胸中を訴えると自害して果て、ネコはどこかへ姿を消した。やがて光茂は毎晩うなされるようになった。そこで槍の名手の千布本右衛門が警護することになった。すると夜中に側室のお豊の方が現れ、光茂の部屋に入るお豊の方の着物の裾から何本にも分かれた猫の尻尾が見えた。部屋の中から異様な声が聞こえ、障子に写ったお豊の方の影は大きなネコであった。ネコの声に本右衛門は眠気に襲われ、そのまま寝てしまった。次の晩もお豊の方が現れて光茂の部屋に入った。本右衛門は眠気をこらえて障子越にお豊の方を槍で突き刺すと部屋に飛び込んだ。そこには大きな白猫が倒れていた。以上が化け猫騒動の顛末であるが、これには次のような後日譚があり、佐賀県白石町福田の秀林寺にこのネコの墓がある。以下はその説明文による。

「猫塚の由来　伝説鍋島猫騒動は寛永十七年（一六四〇）頃のできごとで化け猫をしとめた千布家にはなぜか男子に恵まれず代々の当主は他家から入った人である。そのことに不審をいだいた七代目当主久右ェ門という人が千布家に代々縁がないのは先祖の本右ェ門が化け猫を刺し殺したおり断末魔の苦悶のなかに千布家には七代祟って一家を取り潰しこの怨念を必ずはらすといったと伝えられて猫の怨念によるものではあるまいかと七尾の白猫の姿を描いた軸幅をもって猫の霊を丁重に弔われた。以来千布家では毎年供養が営まれている。幸いにも男子の成人がみられ家系は安泰に保たれている。猫塚は当初化け猫の屍体を埋めた秀屋形の鬼門にあたる敷地に猫大明神とした石祠があったといわれるが現在の猫塚は七代当主が画像をもとに明治四年（一八七一）九月再建したものである。猫塚の右側の碑は当寺の開基であり猫騒動にある鍋島勝茂公の供養塔である。」

なお、猫塚の石祠の中には七尾の猫のレリーフが彫られている。

江戸時代になると世の中が安定し、愛玩や虫、ネズミの被害防止のためにネコを飼う人が増えた。ネコがペットとして好まれるのは清潔感があること、人間との間合いの取り方が適切であること、手間が掛からないことなどにある。ただ、ネコには神秘的な側面があり、それが日本では化け猫、猫又（『徒然草』、『明月記』）、招き猫となり、ヨーロッパでも中世に魔女の使いとされて虐待されたりする原因となった（ベルギー、イーペルのネコ祭りはその記憶を伝える）。

ネコを飼う人が増えた結果、ネコの墓も多く造られるようになった。

猫塚
（大阪府大阪市西成区、松乃木大明神）

現在では禁止されているが、野良ネコなどを生け捕りにして皮を剥いで三味線などに利用した。その犠牲になったネコ霊を供養するための塚である。遊芸関係者の拠金により室上小三郎が明治四十三年（一九一〇）に建立した。三味線の形状をしたユニークな石像である。隣接して近松門左衛門の墓がある。東京都墨田区両国の回向院《えこういん》にも同じ趣旨により建立された犬猫供養碑がある。邦楽器商工業者により、邦楽に最も重要な三絃に犠牲となった犬猫の霊を弔い冥福を祈るために昭和三十二年（一九五七）春彼岸に建てられた。同じ回向院には義太夫協会が建立した三味観世音像を頂く古い犬猫供養塔がある。

猫塚
（東京都新宿区弁天町、漱石公園）

この塚は夏目漱石の飼い犬猫小鳥の供養のために大正時代に建立されたものであるが、昭和二十八年（一九五三）に復元修理された。『吾輩は猫である』のモデルとなったネコの墓はどこにあるのだろうか。漱石はモデルのネコが死んだ時、「辱知猫義久々病気の処療養不相叶昨夜いつの間にかヘッツイ（かまど）の上にて逝去致候…但主人『三四郎』執筆中につき御会葬には及び不申候」と黒枠の死亡通知を門下生に送り、早稲田南町の自宅の庭に埋めて、墓標に「此の下に稲妻起こる宵あらん」という句を書いたとされる。しかし、ネコは雑司ヶ谷墓地にある夏目家の墓に葬られているとも言われる。墓の真相はどうであろうか。

猫塚　多層石塔

大正時代以降はペット霊園が設けられ、現在では多くの飼い猫や飼い犬の墓が霊園に設けられるようになっている。（次項「ペット霊園」参照）

コラム

ペット霊園

日本におけるペットの歴史は古く、奈良時代の聖武天皇のときに中国から小型の狆が贈られ、愛玩犬として宮中を中心に流行した。平安時代には、『源氏物語』の若菜《わかな》や『枕草子』の第九段にあるように宮廷などにおいて唐猫を愛でるブームがあった。しかし、この時代のペットの墓は残されていない。江戸時代になって平穏な世の中になるとネコやイヌ、鳥、ヒゴイ、ウサギ、マウスなどがペットとして多く飼われるようになり、アジア・太平洋戦争後の復興が軌道に乗り始めた一九五〇年代以降になると、経済的な余裕ができてペットを飼う人が徐々に増えてきた。そして、一九五〇年の狂犬病予防法施行を契機として、一九七〇年代後半から住宅事情の改善、少子化と核家族化の進展の結果、室内飼育が増加し、いわゆる昭和のペットブームが到来した。今やペットは家族の一員としてなくてはならない存在となって定着している。ペットとしての犬猫の飼育頭数は一般社団法人ペットフード協会の調査によると、二〇一七年には犬が八九二万匹、猫が九五三万匹と推定されている。

飼犬や飼猫の墓は江戸時代から散見されるようになる。東京都港区教育委員会伊皿子《いさらご》貝塚の発掘調査の結果、貝塚跡に建立された寺院の墓地から犬猫の墓石五個が出土した。一七六六年建立の墓石には「明和三丙戌年　賢猫之塔二十一日」と刻まれ、一八三〇年建立の墓石には「文政十三年庚寅　素毛脱狗之霊　七月二十日　高輪御狆白事」と刻まれている。このことから死んだペットが寺院に埋葬され、墓石が造られたことが推定される。墨田区両国の回向院にも犬猫の墓があり、過去帳も残されている。一八六六年建立の町火消「は組」の新吉を施主とする**唐犬「八」の墓**があり、一八一六年建立の猫塚は「猫の恩返し」で知られ、落語にもなっている。明治時代の墓の例としては一八八一年建立の戯作者・仮《か》名垣《ながき》魯文《ろぶん》夫妻の飼猫の山猫めをと塚（台東区谷中、永久寺）、一八八六年建立の歌舞伎作家・河竹黙阿弥《かわたけもくあみ》の愛猫太郎の墓（中野区上高田、源通寺）などがある。また、小墓地の例としては一九〇〇年開設の西信寺《せいしんじ》墓地（文京区大塚）がある。

本格的なペット霊園は大正時代に開設され、葬儀も行われるようになった（例えば、多摩犬猫霊園、一九二一年開設）が、一九六〇年代から寺院や業者によりペット霊園が次々と開設されるようになり、家族の一員となったペッ

唐犬八の墓　自然石・半肉像

多摩犬猫霊園　納骨堂

トの多くが人間と同様に葬送されることになった。飼主は癒しや安らぎ、喜びや思い出を与えてくれたことへの感謝と、家族の一員として生活してきた強い絆による離別の悲しさなどの哀惜とから、葬儀や供養をしたり、墓を造ったりするものと考えられ、墓は死んでしまったペットとの介在所であり、心の拠り所にもなっている。死者の安らぎのための供養や魂の依代《よりしろ》としての墓という宗教的な形を取るものの、ペットの墓は人間のためのものであり、残された者の心を癒す機能をも果たしている。

多摩犬猫霊園（合同墓）自然石

　近年のペット霊園の基本構成は個別墓、合同墓、納骨堂であり、いずれも火葬した遺骨が納められる。個別墓は人墓と同じ形式であるが、人間のものよりやや小型で、西洋型の墓石が多い。墓碑銘は個性に富んだものが多い。「ありがとう」、「やすらかに」、「愛犬○○」「愛猫○○」などの語句が多用されている。合同墓は多数の遺骨をカロートなどに合葬するものであり、納骨堂は屋内に設けられた多数のロッカー式個別棚に遺骨を安置するものである。遺骨を手元に置きたいという人も少なくない。また、遺骨を自宅の敷地などに埋葬したり、人の墓地に合葬するケースもある。なお、遺体の処理を自治体に依頼する人も多い。

　火葬場と葬儀所を併設しているペット霊園が多くなっている。葬儀の式次第は宗派によって異なるが一例を挙げると次のようになる。「法要式第（真言宗）、導師挨拶、前讃、表白、塔婆入魂、観音経、般若心経、諸真言、霊名供養、光明真言、佛讃、回向、納骨」

　なお、ペットの葬儀に関連した業者は全国で一千社程度あるといわれる。

多摩犬猫霊園（個別墓）各種

ウマ（馬）

〔概説〕日本にウマが渡来し始めたのは四世紀の古墳時代であったと考えられている。そして、五世紀の倭の五王の時代にはウマの飼育や装備が定着し、主として軍用、輸送用に利用された。ウマの碑は哺乳動物の碑としては最も多く造られたものであるが、現在では、ウマの利用が少なくなり、新設されるのは競馬や馬術関連などに限られている。

太夫黒の墓

（香川県高松市牟礼町）

源義経《みなもとのよしつね》の愛馬「太夫黒」の墓とされる五輪塔である。屋島の戦いで、自分の身代わりになって平家の教経《のりつね》の矢に立ちはだかって射殺された家来の佐藤継信の死を悼んだ義経は、近くの寺院の僧に愛馬を布施し、継信の弔いを頼んだ。牟礼《むれ》町にある継信の墓地の一角に継信の五輪塔と類似の太夫黒の五輪塔がある。建立年は特定できないが風化がかなり進んでいる。これらとは別に寛永年間（一六二四～一六四四）に佐藤氏の縁者によって継信と太夫黒の石柱墓碑が同所に建立されている。太夫黒は後白河《ごしらかわ》法皇より下賜されたとされるが、別説に、千厩《せんまや》産で藤原秀衡から賜ったとの説があり、一関市千厩町千厩に平成五年（一九九三）建立の太夫黒顕彰碑がある。

太夫黒の墓　五輪塔

駿馬塚

（東京都新宿区内藤町、多武峰神社）

内藤清成《ないとうきよなり》が広大な屋敷を拝領するのにかかわる白馬の墓である。設置されている説明文によると「内藤清成の駿馬伝説にかかわる石碑である。徳川家康は江戸入府後、家臣の内藤清成を呼び、現在の新宿御苑一帯を示し『馬で一息に回れるだけの土地を与える』と語ったという。清成の乗った駿馬は、南は千駄ヶ谷、北は大久保、西は代々木、東は四谷を走り、疲れ果てて死んでしまったので、大樫木の下に埋めたと伝えられる。後に内藤家の森林管理役となった中家休昌と木下正敷が、文化十三年（一八一六）八月に樫の古木の跡に塚を造り、駿馬塚の碑を建てた。碑はその後、明治五年（一八七二）九月に現在地に移されたものである。平成五年十一月　東京都教育委員会」となっている。平成五年三月五日に新宿区登録有形文化財・歴史資料とされている。

唐馬の碑

（青森県三戸郡三戸町川守田字下比良）

馬種改良に関心を持っていた徳川八代将軍吉宗に享保十年（一七二五）にオランダ人がペルシャ産のウマを献上した。このウマが南部藩に下賜された。藩は春砂（ペルシャ）と呼ばれたこのウマを住谷野（盛岡藩九牧の一つ）に放ち、種馬としたが、九歳で死んだ。御野馬別当石井新衛門（号は玉葉）は唐馬（外国産のウマ）の追善のため、馬頭観世音として祀った。碑には追善の二句が添えられている。自然石の碑表の中央に「奉造馬頭観世尊」両脇に「寛保三年」、「二月十七日」と彫られている。裏には「異国春砂追善　鹿毛二白　九歳長四尺九寸五分　から花の　陸奥に散る　春砂哉　子の花や　住谷に開く　春の駒　玉葉」。

なお、南部氏の祖先は騎馬隊で名を馳せた甲斐の国の牧監であった。

種馬の碑は他所にもある。北海道虻田《あぶた》郡洞爺《とうや》湖町入江《いりえ》に**入江馬頭観音碑**（北海道有形文化財）がある。文化二年（一八〇五）函館奉行戸川安諭が有珠・虻田に牧場を開設、幕府から種馬三頭下付、南部と仙台より雌馬九頭を購入して放牧した。これを記念して福島政之助、村田卯五郎が願主となり、同年七月五日に碑を建立した。しかし、文政五年（一八二二）の有珠山の大爆発により、放牧馬二千数百頭のうち一四三〇頭が死んだという。北海道札幌市北区の篠路《しのろ》神社には明治三十三年（一九〇〇）以来、真駒内《まこまない》種畜場から払い下げられたペルシュロン種の種馬慰霊のために昭和二十五年（一九五〇）に建てられた**馬魂碑**がある。これらの牡馬は

馬魂碑　石板

石狩産ペルシュロンの元になった。種馬場閉鎖により、昭和四十四年（一九六九）現地に馬産振興会の有志により移設された。その真駒内曙町の真駒内公園には種畜場が馬匹の無事を祈って明治三十二年に建てた**馬魂碑**がある。この碑にはイヌやオオカミによって殺されたメンヨウ、落雷で焼死したウマやブタの霊が明治三十四年に合祀されている。

福島県西郷《にしごう》村小田倉《おだくら》上野原の家畜改良センターには旧福島種馬所が昭和二十年十月十四日に建てた**馬魂碑**がある。

征清軍戦役馬　馬頭尊

（長野県波田町上波田淡路）

日清戦争（一八九四～一八九五年）が勃発すると軍馬の徴発が行われるようになった。ウマを供出した飼養者百瀬元弥は明治二十八年（一八九五）三月五日に愛馬のため馬頭尊と刻んだ石碑を建てた。以後、軍馬の武運長久や慰霊のために多数の軍馬碑が日本各地に建立された。日清、日露の両戦役に徴発されたウマの数はそれぞれ、三万五〇三二頭および八万九八〇〇頭とされ、戦後帰国したウマもあったようである。しかし、日中・太平洋戦争では敗戦の混乱と「軍用資源秘密保護法」による資料の焼却処分のために徴発数の記録がなく、推定七十万頭ともいわれるが、そのほとんどが再び故国の土を踏むことはなかった。

征清軍戦役馬馬頭尊　自然石

征露戦死軍馬碑

（長野県塩尻市洗馬芦ノ田、心念堂）

日露戦争時（一九〇四～一九〇五年）も多くのウマが供出され、それらのウマの慰霊などのために各地に碑が建立された。この碑は飼養者清水啓蔵と田村北蔵により明治三十七年（一九〇四）に建立された。

軍馬慰霊之碑

（三島市徳倉、末広山公園）

碑表には「軍馬慰霊之碑　陸軍中将田中稔謹書」と刻まれている。碑裏には、「昭和十二年七月七日支那事變勃發スルヤ大命ヲ拝シタル我皇軍ハ暴支膺懲ノ為勇躍征途ニ就キ能ク困苦艱難ニ耐ヘテ日夜大敵ト奮戦ヲ續ケ彼ノ難攻不落ト誇ル堅壘モ或ハ爆彈或ハ肉彈ヲ以テ之ヲ粉砕啐突破シ其忠勇義烈ノ奮闘ハ正ニ人事ヲ超越シテ神業カト疑ハシメ銃後護國民ノ眞ニ感激措ク能ハサル所ナリ而シテ我軍ト倶ニ戰線ニ活躍シ偉大ナル戰果ヲ収メシメタル軍馬ノ功績モ亦感謝銘記セサルヘカラス嗚呼親愛ナル軍馬郷ニ在リテハ家庭ノ一員トシテ愛撫セラレ一旦緩急ナレハ召サレテ軍ニ従ヒ皇國ノ為戰場ニ勇躍ス今次事變ニ於ケル軍馬ノ不幸敵彈ニ斃レタルモノ其數ヲ知ラス等シク國家ノ為陣死ノ厄ニ遭遇セリ豈徒ニ獸類ノ死ト輕視スヘキンヤ茲ニ有志ノ協賛ヲ得テ愛馬ノ碑ト一宇トヲ建立シ以テ陣中奉公ノ功績ヲタタヘ靈魂ヲ慰メムトス　昭和十二年十一月

官幣大社三島神社宮司従五位加藤七郎撰竝書」

以下、碑並堂建立相談役、賛助員、後援者、碑並堂建立世話人、碑工事請負人、堂工事請負人などの芳名が列挙されていて、それらの名前から三島町を挙げて建立に参与していることが分かる。なお、近くにある堂には古くからの馬頭観音石像が集められている。

軍馬慰霊之碑　石塔

戦没軍馬軍犬軍鳩霊之碑
（滋賀県彦根市尾末町、護国神社）

石の台座を含めると三㍍近くもあろうかという碑であるが、立派な銅像がそびえている。台座裏の碑文には「戦没軍馬軍犬軍鳩を慰む　昭和二十年の終戦を迎えるまで幾多の戦役従い傷病に斃れあるいは戦没となりくさむす屍水漬く屍となり一頭も故国に帰らずして終わる軍馬軍犬軍鳩幾十幾百万とも数知れず　祖国の護りのため英霊と運命を共にした無言の軍馬犬鳩の尊い犠牲をしのび永

くその功をたたえると共にその霊を慰むる一端として有志の主唱により県内は勿論全国から五阡余名の方々の浄財を得ここ尾末町一番地滋賀県護国神社内に慰霊像を建立し安らかな眠りと永遠の平和を希う　昭和六十一年十月一日　戦没軍馬軍犬軍鳩慰霊塔建立委員会　題字　彦根市長井伊直愛謹書　原型　神馬　北村誠峰　神犬鳩　林史　鋳造　四津井工房　台座　松井石材店」とある。

戦時にはウマだけではなく、多くのイヌやハトが軍用に利用された。

ベンジャミン号追悼碑

（神奈川県横浜市西区宮崎町、萬徳寺）

ロザリオを持つユニークな馬頭観音石坐像である。台座に「ベンジャミン号に　1977―1996」と刻まれている。地方競馬から馬術競技馬に転用された馬である。顔の白い星が美しいベンジャミン号は地方競馬の競走馬として登録されたが、出走することなく引退を余儀なくされた。その後、馬術愛好家の長谷川祐美さんの所有となり、馬術競技馬として調教され、全国大会で乗り手を上位入賞に導いた。しかし、一九九二年春の大会で前足の腱を切断、快復を期して放牧のために長野県の牧場へ出された。ところが、二日後の七月二十六日、前足を蹴られて骨折するという事故に遭遇した。そして、その場で安楽死させられた。愛馬の死に目に会えなかった長谷川さんは大変心を痛め、愛馬の不慮の死に報いるためにロザリオを持つ馬頭観音の石像を建てることを思い立ち、一九九六年に建立した。長谷川さんはカトリック信者であるという。シンザン、ハイセイコー、テンポイント、ライスシャワーなど多くの名競争馬の墓や慰霊碑が各地の牧場や競馬場に建立されているが、無名に近いウマの碑はめずらしい。

ベンジャミン号追悼碑　半肉馬頭石像

兵庫県神戸市中央区神泉寺通の妙光院《みょうこういん》には一九三七年に建立された**愛馬供養塔**があり、碑の裏面には「昭和十二年盆會吉祥天」とだけ記されているが、テンポイント、ライスシャワー、サイレンススズカ、キシュウロール、ハマノパレードなど多数の名馬の鬣《たてがみ》が碑の下に納められている。なお、ウマの塚は東日本に圧倒的多い。逆に西日本ではウシが多い。

ウシ（牛）

〔概説〕和牛の先祖は五世紀頃に朝鮮半島から渡来人によりもたらされたと考えられている。奈良時代から牛車として利用され、平安時代には公家の乗り物として流行した。西日本を中心に荷車や鋤引き、糞尿肥料に利用されるようになり昭和三十年代まで続いた。明治時代以降は肉牛や搾乳牛が西洋から導入された。

聖武天皇の牛櫻
（滋賀県甲賀市牧）

牧の牛櫻陶器工房の敷地内、旧道脇にある。『甲賀郡誌』下巻に「大字勅旨の南東車野にあり、口碑に天平年間聖武天皇紫香楽宮に行幸し給ふ時、御車を轢きたる牛斃れしを以て此所に埋め墓標として櫻樹を栽ゑたるが故に此名あり。近時周圍に竹柵をを設けて保護す。樹齢詳ならざれども目通り廻り約三尺八寸あり。此樹はもとより當時のものに非ず分蘗の成長せしものなり種類は普通の山櫻に屬す」とある。聖武天皇は平城京から恭仁京へ、さらに紫香楽宮（七四二〜七四五年）へと都を移したが、ここで放火に遭い、追われるように平城京に戻った。紫香楽宮跡が甲賀市信楽町黄瀬にある。

牝牛生體解剖供養塔（大丸秀士氏提供）　石柱

牝牛生體解剖供養塔
（広島県神石高原町井関）

石柱碑の表には「牝牛生體解剖供養塔」、左側面には「明治廿六年三月廿三日」、右側面には「芦田　品治　神石　甲奴郡獸醫會員建之」と刻まれている。畜産改良のために行った生体解剖の犠牲になった牝牛の供養のために獣医たちが建立したものである。畜産の盛んな地方で、牛市が立った可部には明治二十五年（一八九二）十一月三日建立の**家畜魂神碑**（広島市安佐北区可部）がある。発起人は鈴川利助となっているが、ここでも獣医が碑の建立を行っている。

耕牛供養碑

（香川県綾歌郡綾川町萱原、法念寺）

明治七年（一八七四）に疫病で多くの耕牛が死んだため、「萱原村下　惣免耕中名」が明治十九年（一八八六）七月碑を建てた。

疫牛供養塔

（東京都豊島区南大塚、東福寺）

碑の表に「明治四拾三年七月十六日　疫牛供養塔　牛乳搾取業巣鴨支部志之」と記されているだけで、ウシが何の病気で死んだのかは不明である。

疫牛供養塔　自然石

畜魂慰霊碑

（宮崎県児湯郡川南町、運動公園ふれあい広場）

二〇一〇年（平成二十二）九月二十五日に建立された青御影石のオベリスクである。碑文には「慰霊のことば　平成二十二年四月二十一日家畜伝染病『口蹄疫』が川南町内で発生し、人口の十倍にあたる町内全域の牛豚山羊猪十六万七千頭余が六月三十日までに殺処分埋却されました　日本畜産史上初の三百四十五戸罹災し、川南から牛豚の姿は消えてしまいました　この結果、町の農畜産物生産額の約七十%、二百億円余の損失のほか、商店街等地域経済への影響も甚大でした　『どうしてこんなことに…』、『子供のように育ててきたのに…』と悲痛な叫びがありました　牛豚も思いとは異なる生涯となって残念なことと推察しています　この被害情報により、全国から獣医師・自衛隊員・国・県、JAの職員・町内ボランティアの皆さん等々八万人余の人的支援、又、各方面から心温まる激励・支援物資・義捐金をいただきました　川南町は、先人の開拓精神文化を継承し、フロンティア精神をもってこの大惨事を再び繰返すことなく、『無』から『新生畜産川南』の再建に向けて力恐れ入りますが、切手をお張り下さい。

〒113－0033

東京都文京区本郷
2－3－10
お茶の水ビル内
（株）社会評論社　行

おなまえ　　　　　　　　　　　　　　　　　　　様

（　　　　才）

ご住所

メールアドレス

購入をご希望の本がございましたらお知らせ下さい。
（送料小社負担。請求書同封）

書名

メールでも承ります。　book@shahyo.com

今回お読みになった感想、ご意見お寄せ下さい。

書名

メールでも承ります。　book@shahyo.com

畜魂慰霊碑　六角オベリスク

強く心を合わせ、前進して参ります　ここに畜魂の霊安らかにと念じ碑文とします　平成二十二年九月二十五日　川南町長　内野宮　正英　平成二十二年四月二十一日　口蹄疫発症確認　平成二十二年五月十八日　県非常事態宣言　平成二十二年六月三十日　殺処分埋却終了　平成二十二年七月十八日　移動制限解除　平成二十二年八月二十七日　終息宣言」と刻まれている。

二〇〇三年（平成十五）三月にも宮崎県でウシの口蹄疫が発生したが、防疫活動が奏功し、七四〇頭を処分して五月に終息し、大流行を封じ込めた。二〇一〇年四月二十日、再び宮崎県で口蹄疫が発生し、燎原の火のように六市五町に感染拡大した。発生例二九二例、ウシとブタの処分は二八万八六四三頭に及び、懸命な防疫活動によって同年八月二七日に終息宣言が出されたが、畜産農家を中心に甚大な精神的・経済的打撃を受けた。口蹄疫は人には感染しないが、伝染力がきわめて強いために封じ込めるのが困難な家畜伝染病であり、家畜の埋却処分は感染拡大を防止する手段の一つとして実施される。川南町をはじめとして、高鍋町、都農町、新富町など、流行した宮崎県東部の町々では、処分された牛やブタのためにそれぞれ慰霊碑を建立して、慰霊祭を行った。福島県西郷村にある農水省の家畜改良センターにも宮崎県産の尾鈴石で制作（平成二十二年八月）された**口蹄疫慰霊碑**が平成二十二年十一月二十九日に設置されている。施主は日本養豚協会、全国牛事業協同組合、みやざき養豚生産者協議会、宮崎県口蹄疫被害者協議会である。

獣魂碑

（大阪府貝塚市堀）

二〇一三年に『ある精肉店のはな

獣魂碑　石柱

し』という纐纈《はなぶさ》あや監督の映画が評判になった。育てたウシを肉にして売ってきた家族の歴史と日常を追ったドキュメンタリーであり、生きることの本質を見つめて、仕事に誇りを持って取り組んできた家族の物語である。前の年、一〇二年続いた大阪の公立と畜場が閉鎖した。そのため先祖の代から生業にしてきた飼育・と畜・小売を継続して行くのが困難になった。そこで小売だけ残して他はやめることになった。そのと畜場と精肉店の両方にウシの魂を慰める獣魂碑がある。命をいただいて生かされてきたことへの感謝のしるしであるという。現在、仲の良い家族が分担して、精肉店、ブタ飼育、太鼓製造を行っている。この人たちの明るさ、温かさに触れるとほっとする。かつては差別に苦しめられた人たちとは、とても思えない。

　人も動物も命を保つために、動物や植物の命を犠牲にしなければならない。日本人はものを食べるときに「いただきます」といって食べる。これは命のつながりに感謝してのことである。動植物の命を絶つ人、それを加工して食品にする人、それを食べる人に提供する人も動植物の命を頂いて利用することに感謝し哀悼の意を表すために慰霊碑を建ててきたのである。

水牛之碑

（沖縄県八重山郡竹富町、由布島）

　沖縄にイリオモテヤマネコで知られる西表島があるが、この島の東側に隣接して由布島という周囲二一五キロ、海抜一・五メートルの小島がある。この島には竹富島などから移住した人たちが住んでいたが、昭和四十四年（一九六九）の台風で大被害を受け、島民は西表島に移った。そのとき、西表正治老夫婦だけが残り、一頭のスイギュウを使って土や堆肥を運び、椰子や花などの亜熱帯植物を植えてパラダイスガーデンを造った。そして満潮時でも水深一メートルの浅瀬でつながる由布島と西表島の間四百

㍍は水牛車で結び、多くの観光客が訪れるようになった。現在では四十頭のスイギュウが活躍している。島には水牛車を引いて活躍した水牛一家（始祖「大五郎」と「花子」）に対して感謝の気持ちを表した水牛之碑が二〇〇一年に建てられた。碑は西表島の民宿「しきな荘」の経営者が手作りしたもので、カラフルな陶器製である。

水牛の碑　陶板

ブタ（豚）

〔概説〕ブタは野生のイノシシを世界各地で家畜化したと考えられている。日本にもイノシシを家畜化したと推定されるものがいたことは知られているが、野生のイノシシを食肉に利用していたので、琉球など一部を除いて飼育されることは少なかった。律令政府は猪飼部を置き、畿内でイノシシを飼育して朝廷に献上させていた。肉食が解禁された明治以降、産肉効率の良いブタが外国から導入され、各地で兼業農家によって少数規模で飼育されるようになった。現在では百～千頭単位の大規模経営が主流になっている。

ペンドレーバルクボーイ二世号之墓と畜霊碑

（神奈川県高座郡寒川町、興全寺）

一九三一年英国生まれで、翌年に直輸入され、種ブタとして活躍して高座豚の元祖となったペンドレーバルクボーイ二世号之墓である。一九五九年三月十八日に寒川町畜産組合養豚部により建立された。興全寺には一九六七年に同会によりブタのために建立された畜霊碑もある。

蓄霊碑　石塔

近隣の相模原市下溝のＪＡ麻溝支店にも横溝農協養豚部により建立された豚霊塔（一九六七年建立）がある。

豚観世音

（山形県山形市八日町、誓願寺）

半肉彫りの豚観世音石像が昭和五十一年（一九七六）に設置された。現在は像の上に豚観世音と刻まれたプレートが嵌められている。

いのぶた供養塔

（山梨県山梨市三富川浦、いのぶた牧場）

民芸茶屋「清水」が自社のいのぶた牧場で飼育している野生のイノシシと家畜のブタを交配させて作成したイノブタを料理して提供している。そのイノブタの供養塔である。

いのぶた供養塔　自然石

ヤギ（山羊）

〔概説〕ヤギが日本に渡来したのはいつなのかは明確には判っていないが、江戸時代に朝鮮半島経由と南方から島伝いに経由したものとがあるようで、食肉用に利用されていた。明治時代末には、食肉用および乳用に適したヤギが輸入されて多数飼育された。現在では、飼育頭数は大分少なくなっているが、依然として食用、毛皮用に利用されている。

山羊王尊碑

（長野県佐久市猿久保、駒場公園）

乳用として輸入されたヤギの育種改良に関わるヤギの慰霊碑が佐久市の駒場公園にある。高さ二㍍程の石塔が公園にあり、碑の表には「山羊王尊　社団法人　日本山羊登録協会会長　長田□教一書」と刻まれ、裏には、「元来本県の山羊も乳用種としての資質なかりしに明治の末年より優良乳用山羊の導入を計り以後改良増殖に依って現今の精華を収るにいたり時たまたま農林省長野種畜牧場五十年祭と改良過程を同じうするに当たり同好者相より今日迄に貢献せられたる優秀山羊の霊を慰め先輩諸氏の努力を永遠に讃えると共に感謝報恩の念厚き同士の意気を併せ記念し山羊王尊の碑を建立するものなり　賛助者　金弐千円　伊藤清蔵　金壱千円　秋山茂雄　金五百円　小池平八、…」以下五百円の賛助者多数は省略した。碑は一九五六年に建立された。駒場公園に隣接して種畜牧場がある。

山羊王尊碑　石塔

野山羊供養塔

（東京都小笠原村父島小曲、小笠原亜熱帯農業センター）

小笠原諸島には幕末にヤギがいた記録がある。本来、大型の草食動物であるヤギは小笠原諸島にはいなかったが、十九世紀始めに誰かが食用のために持ち込んだものであろう。以後、何度もヤギが移入されて放牧されたが、食糧事情が好転した戦後の高度成長時代にそれらのヤギが放置され、野生化して繁殖し、独特の生態系を持つ小笠原の固有植物を食べつくして絶滅危機に追い込むなど小笠原の自然に著しい害が及んだ。また、農作物の被害も無視できないまでになった。生物多様性の観点や自然保護の立場と農作物被害対策とから小笠原ではやむなくヤギの排除に乗り出さざるを得なくなった。一九七六年からヤギの排除が始まった。東京都も一九九四年から排除事業を開始した。人間の都合で持ち込まれたヤギが野生化して、今度は駆除されるという何ともやり切れない事態である。ハブ対策のために導入されたマングース、果樹・野菜の受粉用の西洋マルハナバチなどの例からも移入種導入には慎重でなければならないことは今や明白になっている。持ち込み放置した人の責任は極めて重い。三十年前の第一期排除事業に携わったメンバーにより排除された多くのヤギの霊を鎮めるために、野山羊供養碑が農業センターに建立され、毎年、神主を呼んで供養碑の前で供養祭が行われている。碑の前に置かれた石には駆除隊メンバーの名前が記されている。

小笠原では野良猫も問題になっている。ネコも外来種で人間が持ち込んだものである。絶滅危惧種の希少な野鳥（アカガシラカラスバト、オナガミズナギドリなど）をネコが食い荒らし、駆除が必要になり、環境省・林野庁・東京都が二〇〇五年から捕獲に乗り出した。捕獲したネコは殺処分を免れ、東京都獣医師会の獣医師たちが引き取り、動物病院で家猫化トレーニングを積んだ後、新たな飼い主を探して引き渡されている。海を渡ったネコは十四年間で三百匹を超えている。野生のヤギの問題は伊豆諸島、奄美大島、壱岐諸島にもある。

羊（山羊）魂碑（沖縄県名護市勝山、勝山農村交流センター）

羊魂碑の表には、「羊魂碑　大いに賞味し　つしんで　とむろう」、碑の左右に置かれた石には、それぞれ「一九六二年二月十八日建立　委員　比嘉宇太郎　牧志朝三郎　照屋規太郎　真栄田義孝　湖城其仁　岸本喜順　屋部高志　仲林栄光　揮毫　中曽根善行」、「三昧を知りて迷（える）山羊路」という句などが刻まれている。沖縄では「羊」は山羊を意味し、ヒージャーとかピージャーとか呼ばれる。南蛮貿易が盛んであった琉球では早くから南方から褐色、白色、黒混じりなどのヤギが伝わり、乳用、食肉用に飼育されてきた。

羊魂碑　自然石

ヤギ料理の愛好家は今でも多く、そのような伝統から、慰霊のために羊魂碑が建立された。ヤギ料理愛好家が羊魂碑設立委員会を組織し、一九六二年二月十八日に碑が建立された。一九七二年五月の沖縄返還の十年前のことである。碑を設置した勝山地区は山に囲まれたところで、シークヮーサーの生産で知られる。ヤギは沖縄中で飼育されているが、勝山地区は山羊の飼育に適し、ヤギ料理や闘山羊（ヒージャーオーラセー）にも地区を挙げて取り組んでいる。

ヒツジ（羊）

〔概説〕ヒツジは日本にはいなかった。『魏志倭人伝』にも「その地には牛・馬・寅・豹・羊・鵲《かささぎ》なし。」とある。六世紀の終わりに珍獣として百済から朝廷にヒツジが献上されたことがあった（『日本書紀』に、「推古七年の秋九月の発亥の朔に、百済が駱駝一匹・驢一匹・羊二頭・白い雉一羽をたてまつった。」とある）が、明治時代以降に羊毛用としてヒツジが輸入され、以来、北海道など各地で多数飼育された。しかし、戦後、豪州などから安い羊毛が輸入されるようになったために激減してしまった。現在では食肉用にコリデール種やサフォーク種が主に飼育されている。

羊魂碑（広島県江田島市小用）

江田島市小用に羊毛用に飼育された羊の羊魂碑が残されている。

昭和十五年（一九四〇）京都種畜場から十一頭の緬羊が移入されたのが始まりで、その後逐次移入され、飼育が盛んになり、戦後は江田島町内で数千頭が飼育されるまでに発展した。昭和二十四年（一九四九）には、江田島緬羊農業協同組合が設立された。年二回の緬羊市が立ち、盛況を極めた。品質においても、江田島産は全国一、二位を独占する勢いで、昭和三十年代には全国有数の生産地となった。羊魂碑は昭和三十年三月に家畜育成所のあった久村の里に建立された。碑文は大原博夫広島県知事の揮毫による。

羊魂碑　自然石

緬羊霊碑（埼玉県深谷市、村岡農場）

昭和二十三年（一九四八）に日本緬羊協会埼玉県支部が建立。平成元年（一九八九）に現在地に移設。

ウサギ（兎）

〔概説〕日本各地で縄文時代の貝塚からウサギの骨が出土することから、この時代にウサギがいたことになる。ウサギは古くから狩猟対象として食用や毛皮採取に利用されてきた。現在、日本固有種としては、ニホンノウサギ、アマミノクロウサギが知られている。明治時代に各種の兎が輸入されるようになり、食肉用（ベルジアン）、毛皮用（アンゴラ）、愛玩用（ダッチ、ロップイヤー、ポーリッシュ）などに利用された。ウサギが家畜化され、飼育されるようになると、個人で飼育して可愛がることがブームとなり、価格も高騰した。動物実験が盛んになると、ラット、マウスなどとともに扱いやすいウサギが実験動物として多く利用されるようになっている。戦時には軍需の毛皮用にアンゴラ種の飼育が奨励され、各地で飼育された。第二次世界大戦では、ウサギの他に、家庭で飼育されているイヌが強制的に供出させられることも行われた。

養兎慰霊碑（福島県郡山市麓山一丁目、麓山公園）

郡山農会が中心となり、津野喜七を福島県養兎慰霊碑建立会長として拠出者を募って昭和十三年（一九三八）に碑を建立した。碑の表には農林大臣伯爵有馬頼寧《ありまよりやす》揮毫《きごう》により「養兎慰霊碑」と刻まれている。福島県は軍需用に農家の副業として養兎を奨励し、日本一の隆盛を見るまでになった。ウサギの皮は防寒服の材料として将兵の軍服に、肉は食料として利用された。その功労者である養兎の霊を慰め、顕彰するために慰霊碑が建立された。碑の裏には慰霊文と拠出者名が記されている。

養兎慰霊碑　石塔

軍兎アンゴラ供養碑（長野県駒ヶ根市福岡、馬見塚公園）

陸海軍の要請により農家組合はアンゴラ兎を飼育し、毛皮を供出した。そのウサギの霊を供養するために昭和十七年（一九四二）五月に赤穂組合により建立された。戦時中はウサギの皮だけではなく、飼い犬の皮も軍用に徴用された。

コラム

実験動物慰霊碑

西欧における動物実験の歴史は古く、アリストテレスやガレイノスの時代にまで遡ることができる。日本においては、十六世紀の南蛮医学（ポルトガル、スペイン）や十七世紀の紅毛医学（オランダ）の導入により断片的に動物実験が行われるようになった。最初に動物実験を行ったのは山脇東洋《やまわきとうよう》であるとされ、人体解剖（一七五四年）に先立ち、カワウソの解剖を行ったとされる。麻田剛立によるタヌキ、カワウソ、キツネ、ネコ、イヌの解剖（一七七二〜一七七三年）、華岡青洲《はなおかせいしゅう》（一七六〇〜一八三五年）による全身麻酔乳がん手術（一八〇四年）に先立つネコ、イヌを使った実験などが行われた。実験動物慰霊碑の建立については、定説はないが、華岡青洲が麻酔薬「痛仙散」の開発のために用いたイヌなどの解剖台に使用された石板が慰霊碑として華岡家墓地の入り口に設置されている。しかし、この華岡青洲の**実験動物慰霊碑**の設置年は特定できない。現時点で、設置年が特定できる慰霊碑で最も古いものは広島県の芦田《あしだ》、品治《ほんじ》、神石《じんせき》、甲奴《こうぬ》各郡獣医会員が明治二十六年（一八九三）に建立した牝牛生體解剖供養塔（広島県神石高原町井関）である。学術研究機関における本格的動物実験の慰霊碑としては、北里柴三郎が所長をしていた東京帝大附置

実験動物慰霊碑　自然石

家畜群霊塔　自然石

伝染病研究所（現東京大学医科学研究所、東京都港区白金台）に大正三年（一九一四）に建立された**家畜群霊塔**である。当時は伝染病に関連した研究が盛んに行われていた。それから八年後、日韓併合時代の一九二二年に韓国で最初の實験動物供養塔（現ソウル大学病院博物館）が朝鮮総督府下の日本人によって建立された。

　昭和になると、軍用動物実験関係の動物慰霊碑が旧陸軍獣医学校（東京都世田谷区代沢）において昭和三年（一九二八）に建立された。この碑は後に回向院（墨田区両国）に移設された。医学実験のための動物慰霊碑としては慶応義塾大学医学部教授・加藤元一らによって一九三七年に建立された蝦蟇塚（東京都新宿区大京町、笹寺）などがある。畜産学関係では一九四二年建立の畜霊碑（鹿児島県中山町、動物衛生研究所九州支所）、一九四八年建立の**畜魂碑**（北海道札幌市、北海道大学獣医学部）などがある。

畜魂碑　自然石

　軍関係の研究機関にも動物慰霊碑がある。呉海軍病院（呉市青山町、現呉医療センター）の底栗車之塔（一九三四年建立）、陸軍習志野学校（習志野市泉町、現習志野の森）の動物慰霊之塔（一九四〇年建立）、陸軍登戸研究所（川崎市多摩区東三田、現明大生田）の**動物慰霊碑**（一九四三年建立）、旧満州医大細菌学教授・北野征次により一九四一年に建立された群霊碑（瀋陽市、現中国医科大学）などがあるが、いずれも、どのような動物がどのような実験に使用されたのかは秘密のベールに包まれている。断片的な資料から細菌兵器や毒物の研究が行われていたといわれる。

　その後、一九七〇年代になると動物実験を行う日本の大学などの研究機関における実験動物慰霊碑の建立が急速

動物慰霊碑　石塔

に拡大する。慰霊碑は民間の製薬会社などにもあるが、医学部などを中心に大学における建立状況を年代順に例示すると、京都大一九七二年、京都薬大一九七三年、大阪市大一九七四年、東北大一九七五年、岐阜大、慶応大一九七六年、山梨大、東海大一九七七年、滋賀医大一九七八年、高知医大、鹿児島大一九八一年、香川医大一九八二、弘前大、東京農工大、長崎大一九八四年、三重大一九八五年、名古屋市大一九八八年、秋田大一九九一年、東工大一九九七年、奈良女子大、広島大二〇〇〇年、福島大二〇一〇年となる。

一九七〇年代に実験動物慰霊碑の建立が盛んになった理由として、第一に、欧米における動物実験に対する規制が強化された結果、国際機関などを通じて日本に対する圧力が増大したことが挙げられる。これらを受けて、一九七三年に成立した「動物の保護及び管理に関する法律」（動管法）とそれに伴う動物愛護週間における各種行事の活性化により、動物実験に対する社会の風当たりが強くなった。その結果、動物実験担当者の動物の生命に対する意識が変化し、実験倫理観の高揚、自主規制の必要性、外部に対する説明責任意識などが生まれた。これらの状況下、日本学術会議も「動物実験ガイドライン策定について」の勧告（一九八〇年）を行った。文部省はこれを受けて、一九八七年に「大学等における動物実験について」という国際学術局長通知を各大学長に送付した。これにより多くの研究機関は動物実験の自主的なガイドラインを策定し、動物実験を伴う研究計画の事前審査を実施する機関が現れた。また、日本実験動物学会など関連学会も動物実験の指針を定めて論文審査などに反映させた。

第二の理由はバイオサイエンスの急速な発展により、動物実験の必要性が増大し、各大学などに本格的な実験動物施設が整備されるようになったことである。これに伴い実験者の数が増え、かれらには高度な技術と高い倫理感が求められた。さらに、欧米ではアニマルウエルフェア（動物福祉）の思想が発展し、学会を通じて世界に伝搬した。また、動物実験における3R（＊注）が提唱された。日本の動物実験施設は動物を大切に扱っていることを外部にアピールする意味も込めて動物慰霊碑を建立し、碑前で定期的に慰霊祭を行い、実験倫理や指針の確認徹底、実験統計と成果の共有、動物への感謝と慰霊などを行うようになった。現在では、国内の施設の70％以上に慰霊碑が設置されている。

　動管法が改定されてできた「動物の愛護及び管理に関する法律」（愛護法）は二度の改訂を経ているが、二〇〇六年には改訂愛護法に基づき、日本学術会議は「動物実験の適正な実施に向けたガイドライン」を策定した。現在では、すべての研究機関が改定ガイドラインを設けて動物実験を実施している。欧米では性悪説的に法律で厳しく規定して管理するが、日本では性善説的に裁量の余地のある緩くあいまいな法規制となっている。

※注：３Ｒとは動物実験において守らなければならない事項、すなわち、動物実験の必要性の認識、動物福祉への配慮(Refinement)、使用動物数の削減(Reduction)、代替法の開発と普及(Replacement)、指針の尊守と社会的責任、における三つの英語の頭文字である。

　動物実験慰霊碑の一例を記す。

シロネズミの碑

（東京都文京区本駒込、吉祥寺）

　癌の研究で世界的に著名な吉田富三博士の墓の右横にある小さな石碑である。碑文には「シロネズミの碑

　アゾ色素肝癌、吉田肉腫、腹水肝癌などの研究に手をかけてその命を絶ちたるシロネズミの数知れず、不有会員はみな心の奥にシロネズミのあの赤い目の色を抱く。モルモット、ウサギ、ハツカネズミそのほか鳥の類まで手にかけたる命への思いは同じ、ふと現れてまた消え行きたるこれら物言わぬ生類の幻の命も命に変わりあるべしとは思へず、あわれ生ある

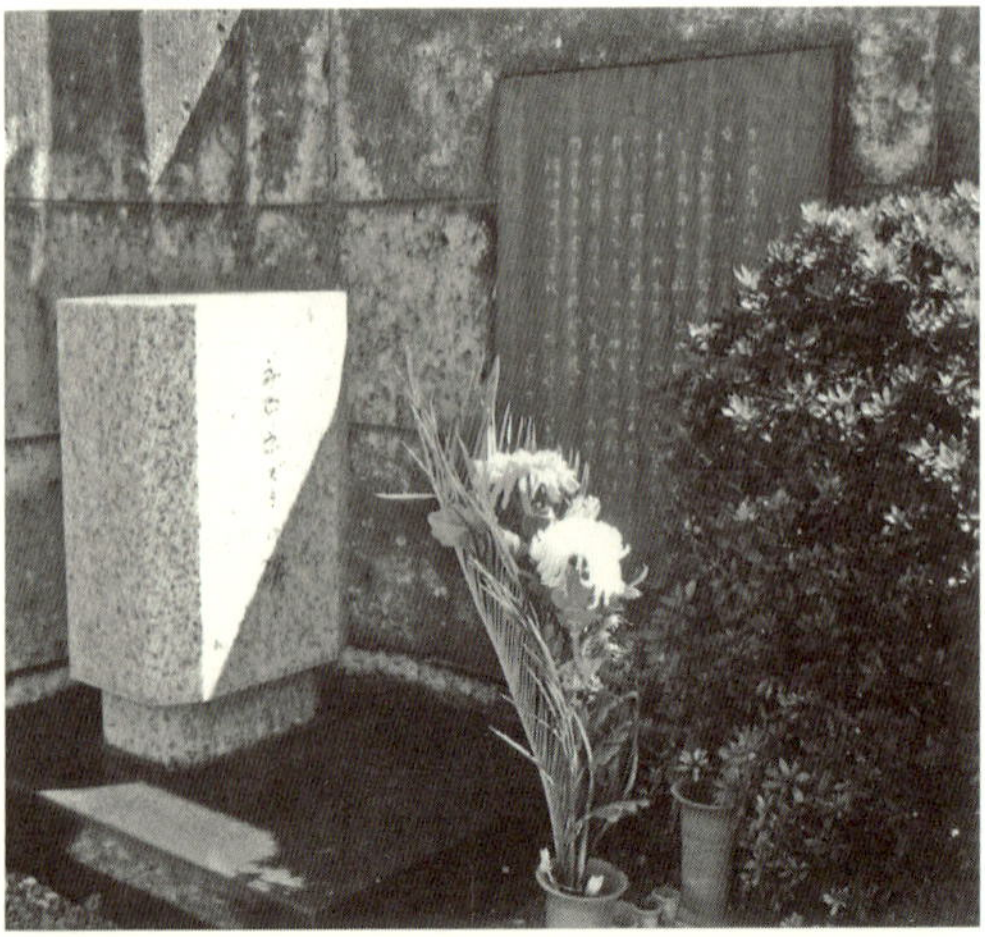

シロネズミの碑　石柱

者の命よと念じて此碑を建つ　昭和四十八年秋　不有会　代表　古稀吉田富三　識す」と記されている。自らの手で動物の命を絶つ実験者たちの心の痛みと犠牲になった動物への哀悼の思いが読み取れる。慰霊碑は実験者が心の痛みや苦しみを乗り越えるためにも必要であるといえる。宗教性と倫理性を含んでいる。

ニワトリ（鶏）

〔概説〕現在の家禽の祖先は赤色野鶏で、東南アジア（タイ、ミャンマー）から世界に広がったとされる。記紀の神話として有名な天の岩戸の記事に、岩戸《いわと》に隠れた天照大神《あまてらすおおみかみ》を引き出すために長鳴き鶏を集めて鳴かせたことが記されていることから、奈良時代には日本にニワトリが入っていたことは確かである。しかし、天武の勅令（六七五年）以降は牛、馬、犬、猿、鶏の食肉が禁止されたので、表向きはこれらの肉を食べることはなかった。ニワトリは古代から飼われ、玉子は食されてきたにもかかわらず（秋田県秋田市寺内蛭根に鶏や鶏卵の禁食に関係がある江戸時代の鶏卵塚がある）、ニワトリの塚が現れるのは昭和になってからである。この意味するところは人にとってのニワトリの死の重さが他の家畜より軽かったということであろう。そして、ニワトリは農家では放し飼いにされ、自宅で処分されて肉も食されてきた。しかし、戦後は兼業農家による少数自給体制から多数飼育経営への移行が進み、産卵鶏と肉用鶏に分かれて分業化し、雛は専門業者によって生産されて飼育業者に販売される。飼育もケージに入れて高密度飼育が行われる。施設当りの飼育羽数も数万羽になる。さらに、牛や豚も同じであるが、食肉処理も専用施設で行われる。このような状況では業を支えてくれるニワトリの死は業者にとって重いものとなる。各業者は感謝と慰霊の気持ちから、塚を建立して供養するのである。

近年、欧米ではアニマルウエルフェア（動物福祉）の思想が普及しつつあり、ニワトリのケージ飼いやブタの閉所飼いが批判され、法的規制が進められている。日本も早急な対応をせまられている。

禽霊碑（福島県西郷村小田倉上野原、家畜改良センター）

昭和九年（一九三四）四月に大宮種鶏場の三日会によって建立された。育種研究で死んだニワトリの慰霊碑である。

鶏靈供養碑（東京都小金井市中町、金蔵院）

三メートルはある有蓋多層石塔（宝篋印塔）である。その角柱の表上部に鶏二羽、牛豚各一頭が象られた銅板があり、下部には「供養塔」と刻まれている。裏には「昭和二十六年十一月　金蔵院第廿五世　住職　孤島了諦代」、中台裏には発起人、世話人名、下台裏には石材店名が彫られている。少し長いが碑文を示す。横にある福碑の表には「記念誌　茲に我

國民待望久シカリシ講和ノ秋ヲ迎エ光燦然ト輝クノ時吾人ノ感懐亦痛切ニシテイカニ其ノ戦禍ノ甚大犠牲ノ悲惨ナルカ眞ニ目ヲ覆ワシムモノ有リ然レ共静ニ惟フニ犠牲者ハ人類ノミニ止マラス生命無キ物質ノ破壊ハ素ヨリ生命有ル動植物ノ被害モ亦莫大也　茲ニ吾等養鶏関係者トシテ思考スル時戦時中イカニ可憐ナル彼等ヲシテ無謀無慈悲ナル犠牲ニ供シタルカ眞ニ感慨無量ナルモノ有リ而モ彼等ノ犠牲人類ヘノ奉仕ハ常時不断ニシテ日々其ノ産スル卵ヲヤガテハ其肉体ヲモ食用ニ供シ或ハ科学学術ノ研究實験ニ提供シ全身全霊盡ク人類社会ノ福祉ノ為ニ捧ゲ盡シ敢テ愁ヲ和ラゲシ也六飼育者ノ不當ノ管理幾多ノ疾病ニ依ル犠牲等實ニモヤ其數ノ幾千万ナルカ無限ト云フモ過言ナラズ此ノ自然界ノ法則ナリト雖モ彼等ノ生命ヲ預リ我兒ノ如ク愛育セル吾等愛鶏家ヲシテ心撃レザルヲ得ザル處也イカニシテ彼等ヘノ感謝哀惜ノ情ヲ捧ゲンヤ此レコソ常ニ鶏飼フ人ノ共通ノ観念ナリ　茲ニ有志相

鶏霊供養塔　宝篋印塔

謀リ小金井愛鶏会ヲ組織多数愛鶏家相携ヘ講和締結ノ記念平和ヲ愛好熱願スル養鶏人ノ象徴トシテ鶏霊供養塔ヲ建立シ其人類社会ヘノ貢献ヲ称エ聊カ感謝ノ微哀ヲ捧ゲ以テ鶏霊ノ冥福ヲ祈願奉ル者也　昭和二十六年十二月二十九日　星野治亮謹書」と刻まれ、福碑裏には多数の「鶏霊供養建立　奉納芳名　拠出金額」が刻まれている。芳名は省略するが、拠出金額を参考までに以下に記す。一金一万円一口、七千円一口、五千円八口、三千五百円一口、三千円六口、二千五百円一口、二千円二十二口、千七百円一口、千五百円四口、千円四十五口、五百円二十五口となっている。

　碑文から分かるように、終戦後すぐに、平和を願い動物を愛する小金井地域の養鶏農家が戦争の犠牲になったニワトリたちを哀れに思い、自らも苦難を強いられた戦時中を回顧し、平和祈願とニワトリの冥福を祈って、戦後の家計の厳しさにも拘らず建立した立派な供養塔である。

鳥之供養碑（京都府京都市左京区法林寺門前町、檀王法林寺）

　碑の表には「鳥之供養碑　高山義三書」、裏には「昭和三十二年（一九五七）十一月建立」と彫られているのみであるが、別に碑文を記した小さな石碑が二基置かれている。一基には「鳥之供養塔記　かねてより市内で食鳥を商い生計を営む者の有志が集まって食鳥の霊を慰めるために春秋二季にだん王法林寺でお施餓鬼をつとめて来たのが奇となって昭和三十一年六月京都食鳥組合が生れ初めて全業界を結ぶ画期的な相互扶助とその発展の基礎が出来上がった翌三十二年春組合有志の間から食鳥の供養塔を建てたいとの議が起るとたちまち全組合員が賛成しこれを建てる資金を寄せられたのでゆかりの深いだん王境内にその地を選んで同年七月二十七日地鎮祭を執行した幸に京都府当局はこれが趣旨に賛同して清滝川上流大森の巨石数十個を

鳥之供養碑　自然石

提供されたから組合員は勤労奉仕してこれをだん王境内に運び石工北尾留次郎庭園師小島佐一がその施工に獲りかかった。特に京都市長高山義三氏に　鳥之供養塔　の題字を書いて寄贈しこの挙をはげまされたので工事は滞りなく進行して昭和三十二年二月に完成した。本日だん王法林寺第二十六世信ヶ原良文上人導師として鳥之供養碑除幕式並びに鳥霊供養法要をつとめ組合員一同が参列焼香し食鳥の霊を慰めることが出来ここにかねての発願めでたく実を結ぶことになった。　昭和三十三年三月二十四日　京都食鳥組合」と刻され、建立の経緯が細かく記されている。他の一基には協賛者の芳名が記されているが、全国の養鶏、販売関係の団体名が列記されている。

鳥

タカ（鷹）、ウ（鵜）、ハト（鳩）、ローラーカナリアなど

〔概説〕鳥は花鳥風月といわれるように古くから日本人の美意識を代表するものとして認められ、親しまれてきた。そして、文学、芸術だけでなく、食用、愛玩、使役の対象としても役立ててきた。使役の例としては、鵜飼、伝書鳩、鷹狩など、食用としてはニワトリ、シチメンチョウ、シャモなど、愛玩・娯楽ではスズメ、ウグイス、メジロ、カナリヤ、セキセイインコ、ジュウシマツ、オウム、シャモなど、時代によって消長はあったが飼い鳥として親しまれ、江戸時代後期、昭和時代には鳥ブームもあった。現在、飼い鳥はすっかり下火になってしまっている。

瘞鶴碑

（東京都文京区後楽、後楽園）

水戸徳川家の江戸上屋敷の後楽であった回遊式山水庭園の後楽園にあるタカの碑である。七代藩主治紀は将軍家から賜ったハイタカを大切にしていた。タカは治紀が没した四年後に亡くなったため、八代斉脩《なりのぶ》がこれを哀しみ、タカを園内に埋め、文政二年（一八一八）十二月に建てたのが瘞鶴《えいよう》碑である。

瘞鶴碑　自然石

鵜塚（岐阜県岐阜市長良大前町）

鵜飼はウを使って魚を捕る漁法で、日本では千三百年以上の歴史がある。各地のアユのいる河川で行われ、その方法には地域によって違いがある。現在では伝統文化の保存を観光と結びつけた形で行われている。真夏の夜、屋形船に乗って篝火《かがりび》に映える鵜飼を見物したことがあるが、なかなかの風情であった。使われるのはウミウが一般的であるが、カワウを使う所もある。長良川の鵜飼は大名の保護を受け、江戸時代に将軍家へ役鮎を上納した。明治二十三年（一八九〇）から宮内庁に属し、式部職鵜匠として世襲の六人がいる。茨城の海岸で捕獲したウミウが使われるが、鵜匠はそれぞれ二十数羽のウと生活をともにして信頼関係をつくり、数年の訓練の後、漁に使う。ウは十年ほど漁をして一生を終える。鵜匠山本家により建立された鵜塚が長良にある。鵜飼に貢献し、一生をささげたウの霊を慰めるために、鵜飼は百数十年前より亡きウの供養をしてきたが、昭和五十八年（一九八三）十月、関係者の浄財により塚を建立した。毎年十月中旬に鵜飼関係者等（俳句の会と共同）による供養祭が行われている。

鵜塚　自然石

鵜の塚（山口県岩国市横山、紅葉谷公園）

江戸時代に栄えていた錦川の鵜飼は永らく途絶えてしまっていたが、昭和二十七年（一九五二）に篤志家の努力で復活した。町おこしに貢献して死んだウの霊を慰めるために、昭和三十六年四月に財団法人錦川鵜飼振興会により鵜の塚が建立された。碑の石材は旧岩国藩主吉川家から寄贈された。ウが死んだ時には真白い紙に包み、白装束にして葬るのだという。

鳩魂塔（東京都千代田区九段北、靖国神社）

日本で伝書鳩が使われるようになったのは江戸時代後期以降とされる。大阪や尾道の米商人が米相場の通信に尾道との間で利用したハトの巣が広島県尾道市東久保町にある浄土寺の裏門天井裏に残っている。その後、本格的に利用したのは陸軍で、一八八九年頃より研究を始め、一九一九年に電信隊を発足させた。伝書鳩は軍用通信として実用化され、関東大震災や日中戦争、アジア・太平洋戦争などで利用された。鳩の保有数は数万羽に達した。民間では新聞社や通信社が記事や写真を運ぶ通信用として飼うようになった。ハトレースも盛んになり、伝書鳩協会や大学の伝書鳩部ができた。死んだ軍用ハトのために一九二九年中野の陸軍通信学校に「鳩魂塔」が建てられた。この塔は一九三九年に上野動物園に移され、戦後、「伝書鳩慰霊塔」と名を変更したが、傷みが激しくなり撤去された。その後、鳩魂塔奉賛会により一九八二年に「鳩魂塔」が靖国神社に再建された。

朝日新聞社は一八九七年に実用化に成功、一九二〇〜六六年にわたり本格利用した。それを記念したハト二羽のブロンズ像を東京旧本社ビルの屋上に設置した。

伝書鳩慰霊塔 （福岡県宮若市本城、宮若文化村・河童の里）

一九五〇年頃にはハトレースが盛んになった。病死や事故死したハトの慰霊のために碑が建立された。このハトブロンズ像を頂いた塔は社団法人日本伝書鳩協会福岡支部により一九六二年九月に飯塚市の勝森公園に建設されたが、その後二度移設されて現在地にある。亡くなったハトの慰霊祭が毎年碑前で行われている。ハトレースのハト慰霊のための碑としては、宮城県気仙沼市中才の浄念寺に社団法人日本鳩レース協会建立の**鳩魂塔**があり、東京都豊島区目白の学習院大学には伝書鳩部建立の**鳩魂碑**がある。

伝書鳩慰霊塔　ブロンズ像

鳥塚（京都府京都市北区紫野大徳寺町、大光院）

ローラーカナリアの鳴き声を競うコンテストに利用された鳥の供養のために京都ローラーカナリークラブが一九五五年五月に建立した。青森県黒石市の御幸公園には鳴き合わせに利用されたウグイスの慰霊のための**鶯塚**がある。

小鳥塚（福岡県飯塚市上三緒小鳥塚）

人の安全のために、動物が利用されることは珍しいことではなく、毒物検知のために水路に魚を飼うことや危険なガス漏れ警報のために作業場に小鳥を飼うことは現在でも行われている。この碑は炭鉱における炭塵爆発事故を未然に防ぐために坑内で飼われたメジロなどの小鳥の供養碑である。高性能のガス探知機がなかった明治から昭和十年頃までは一酸化炭素ガスを感知して事故を防ぐために人間より感知能力の高い小鳥を坑内に持ち込んでいた。小鳥が三十秒で止まり木から落ちるガス濃度では、人間が労働すれば三十分で死に至るといわれる。麻生炭鉱株式会社雁石坑の坑口跡の横に小鳥塚がある。碑には飛び交う小鳥の半肉像が彫られている。台座には以下のような碑文が刻まれている。

「小鳥塚　この地に石炭産業が栄えたころ、多くの小鳥たちがガス予知のため坑内に持ち込まれ、災害を未然に防止しながら可憐な生命を絶っていった。ここに小鳥たちの功績を讃えると共にその靈を慰さめ、また石炭の果たした使命を永久に顕彰するため、筑豊をはじめ全国有志の浄財を得て、この碑を建立する。昭和三十六年辛酉五月十日　筑豊炭鉱遺跡研究会建之」

当初、この場所にはボタ石を二段に積み上げた「目白塚」があり、ヤマの人たちが花を手向けたりして供養していた。やがて、新しい小鳥塚を建てようという機運が生まれ、募金により現在の塚が新築された。ヤマの人たちは産業の光の部分だけでなく、闇の部分にも目を向ける心根を持っていた。

虫

（養蚕、食用）

〔概説〕本来、昆虫を総称する文字としては「蟲」が使われ、足の無いヘビなどの小動物を含めたものの総称としては「虫」が使われるそうであるが、ここでは特に指定されていない場合は「虫」を使用する。日本にいる虫の種類は実に多く、昆虫図鑑を見ると知らない虫のほうが圧倒的に多い。それらの虫の中で日本人との関わりの深い身近な虫たちが慰霊、供養されているのが虫塚である。

〈養蚕〉

養蚕は中国が起源で、日本には弥生時代中頃に直接大陸から伝えられていたが、より進んだ錦などの高度な機織り技術が秦氏により朝鮮半島から伝来した。渡来人である秦氏の先祖弓月君は応神天皇十四年に渡来し、養蚕、機織、染色などの絹織物技術や製陶技術を伝えた。京都市右京区森ヶ東町にある蚕養神社（通称蚕の社、祭神は萬機姫）は秦氏ゆかりとされ、西陣の絹織物業者たちに崇められてきた。さらに、明治になって動力を利用した近代的な製糸、織布技術がフランスから導入されたが、今や、繭の生産がバイオテクノロジーによる方式へと発展を遂げつつある。

蚕影碑

（群馬県高崎市箕郷町柏木沢）

碑の正面上部に「蠶影碑」とあり、下に碑文が刻まれている。説明板に

蚕影碑　自然石

「高崎市指定史跡柏木沢の蚕影碑

明治二〇年（一八八七）五月二三日、群馬県相馬村（現在の高崎市箕郷町柏木沢、北群馬郡榛東村広場場）を中心に激しい降雹があった。これを経験した人は『お天気は良い日であったが俄然空模様が急変し、薄暗くなったと思うと電光が閃き渡り、ポッツン・ポッツンと雹が落ち始め、アッと言う

間に押し寄せる如く降り注ぎ、見る見る間に二尺程も積り屋根より落ちた軒下には、子供の背の高さ程も積もった』と言い伝えている（『箕郷町誌』）。この降雹により桑の葉や麦・野菜などに大きな被害が生じた。特に養蚕期にあたっていたため桑の葉の被害は深刻で、桑の葉を餌とする蚕を飼育することができない状態となった。このため村人たちは相談して、不動寺前の丘に穴を掘り、止むを得ず蚕を埋めることにした。蚕を葬ったあとには蚕影山大神を祀り、蚕の霊を慰めた。現在残る蚕影碑は、このときの惨状を後世に伝えるため、明治三〇年（一八九七）に当時の村人たちによって建てられたものである。所在地　高崎市箕郷町柏木沢　指定年月日　昭和四九年十月二二日　平成二三年十月三一日設置　高崎市教育委員会」と記されている。降雹や遅霜による桑の被害による蚕の埋葬は各地に見られ、慰霊碑が建立されている。

蚕霊供養塔

（長野県岡谷市本町、照光寺）

供養塔が建立されたのは世界的不況の最中の一九三四年である。製糸業関係者十八名が発起人となり、約三万人から寄付を募り、犠牲になったカイコの霊を慰め蚕糸業の発展を祈願して蚕霊供養塔を照光寺に建てた。木造銅板葺多宝塔、平面六尺七寸四方、総高三十七尺、基壇五尺、組物三手先の見事な塔に本尊の馬鳴菩薩像が祀られている。毎年四月二十九日に開帳されて蚕霊供養祭が行われる。蚕霊供養塔は二〇〇七年近代化産業遺産群に認定された。また、蚕霊供養塔と馬鳴菩薩像は二〇一一年に岡谷市の有形指定文化財に登録されている。

蚕霊供養塔　木塔

かつては群馬県などとともに、有数の製糸業を誇った岡谷の蚕糸も斜陽の波に逆らえず、衰退して久しい。日本の繭の生産はピーク時の一九三〇年代の約四〇万トンが二〇一五年には一三五トンまで減った。今、製糸工場は群馬、香川、長野にそれぞれ数軒だけしかない。しかし、明るい話題もある。無菌ルームや人工飼料による養蚕工場が二〇一四年に熊本県山鹿市に誕生した。繭の生産量は年約百トンである。他にも同様なバイオテクノロジーを応用した工場ができ、高級シルク糸や化粧品用として生産が行われている。

熊本県熊本市小島下町に昭和四十六年（一九七一）に中村養蜂園が建てた**蜜蜂々魂供養塔**があり、和歌山県海南市下津町橋本の福勝寺に和歌山県養蜂組合海草海南支部が平成二年（一九九〇）に建てた**蜜蜂群供養之碑**がある。

〈食用〉

蜂塚
（山梨県道志村和出村、道志川中州）

碑表には柳原白蓮の和歌が刻まれている。「蜂塚　いと小さき蜂といふ　にそ　なみだおつ　栄光の　死はここにも　ありし　文部大臣松永東書」、碑裏「昭和三十三年十一月十七日　建碑　佐藤慶雅　石匠　佐賀基山刻」この碑は養蜂家がミツバチの習性である世代交代に失敗して全滅したミツバチたちの霊を慰めるために建立したものである。

ミツバチの供養碑は各地にあるが、養蜂家が建てたものとしては

蜂塚　自然石

コラム

動物園

　動物園は世界中から珍しい動物を集めて展示するところというのが一般的な理解であろうが、博物館法に基づく施設であって公共的役割を担っている。「種の保存」、「環境などの教育」、「レクリエーション」、「調査研究」など、社会的に大切な役割があるのである。上野動物園の園長をしていた古賀忠道先生は「動物は自然理解への架け橋、ペットは家庭と自然を繋ぐ親善大使である」といっているが、生きた多くの動物を身近に、しかも手軽に見て学べるところは動物園しかない。個々の動物園は様々な事情があり、それぞれかなり様子が違っている。いずれにしても入園者が来なければ話にならない。パンダなどの珍獣には限りがある。そこで、競争するように知恵を絞って様々な工夫がなされている。旭山動物園（行動展示）が注目を集めてから、その傾向が強くなっている。可能な限り野生に近い状態で展示したり、身近で安全に観察できるようにしたり、動物と触れ合うコーナーを設けたり、子どもの遊び場を作ったり、動物に演技をさせたりと工夫されている。

　動物園では、動物が面白いしぐさをするとか、かわいい赤ちゃんが生まれたりして人気を集めるいっぽうで、その陰では多くの動物が死んでゆく。飼育員は展示動物や餌になる動物の死に絶えず直面している。心を込めて世話した動物の死には心が痛む。日本の動物園には動物慰霊碑が茂みの中などにひっそりと建っている。七〇％の動物園に慰霊碑があり、慰霊祭が外部の人も参加して行われる。最も古い慰霊碑は「浅草花やしき」に大正十三年（一九二四）に建てられた鳥獣供養碑であるが、これについては別項に記す。主な動物園の慰霊碑建立年は上野動物園・動物慰霊碑一九三一年、京都市動物園・萬霊塔一九三二年、天王寺動物園・動物慰霊碑一九五七年、名古屋市東山動物園・どうぶつの慰霊碑一九六四年、神戸市王子動物園・動物慰霊碑一九七四年、旭川市旭山動物園・

どうぶつ慰霊碑　自然石

どうぶつ慰霊碑 一九七六年、熊本市動物園・動物慰霊碑 一九七七年などである。他にも多くの動物園があるが、これらにある慰霊碑の具体例の二、三を紹介する。

動物慰霊碑

（東京都台東区上野公園、上野動物園）

日本を代表する動物園で、明治十五年（一八八二）に開園した。慰霊碑には「どうぶつよ安らかに　古賀忠道書」と彫られ、上にはブロンズ像が置かれている。説明板に「動物慰霊碑は、動物園で死亡した動物の霊をなぐさめるためのものです。最初は昭和六年に現在のシロテナガザル舎付近に建立され、戦争の犠牲となった動物たちも供養されておりました。この慰霊碑は、昭和五十年九月、園内の改修にあたり、新たに建立されたものです。ブロンズのリボンは動物への愛情と弔意を表し、ふくろうは動物の霊をみまもってくれる象徴としてえらばれたものです。」と記されている。

昭和六年（一九三一）に最初の慰霊碑が建立されたとあるが、その碑は開園五十周年を記念して建てられたものであった。コンクリート研ぎ出しの長方形の板状碑に種々の動物のブロンズ・レリーフが嵌め込まれたものであり、その前で毎年春秋の彼岸に慰霊祭が行われてきたが、戦時にブロンズが金属供出のためはがされて倉庫に収められ、台座がそのまま残された。戦争の犠牲になった動物というのは、昭和十八年（一九四三）七月、東京都長官による猛獣処分命令で毒殺または絶食処分された動物二十七頭（ライオン、トラ、チーター、ヒョウ、クマ、ゾウなど）のことで、遺体は中野陸軍獣医学校の獣医により解剖されて剥製などとして保存された。その内、巨大なゾウの骨が動物慰霊碑の前に穴を掘って埋められた。草食のカバは昭和二十年に食糧難の理由から絶食処分をいい渡され、遺体は園内の慰霊碑から

動物慰霊碑　ブロンズ像

遠くない所に埋められたという。各地の猛獣などが危険性や食糧難のために殺処分された。戦意高揚と人間優先のためであった。

　上野動物園には「朱鷺のふるさとへのいざない」と題した三羽のトキの像がある。同園がトキの復活に協力したお礼に佐渡の新穂村（現佐渡市）から平成三年（一九九一）に贈呈されたものである。動物園は動物を展示する以外にも様々な活動を行っている。

どうぶつの慰霊碑（愛知県名古屋市千種区山元町、東山動物園）

　東山動物園は昭和十二年（一九三七）に開園した。広い敷地にホッキョクグマ、カバ、シマウマ、ペンギン、キリン、ゾウなどがいる東洋一といわれる動物園として注目された。しかし、開園の年の七月には盧溝橋事件が勃発し、風雲急を告げる時代であった。そのような情勢下、木下サーカスは四頭のゾウを手放し、東山動物園が購入したのであった。やがて、昭和十六年にアジア・太平洋戦争に突入、人も動物も受難の時代を迎えた。食料難のため、動物園は自前で動物の餌を確保するために全力を尽くしたが、多くの動物を飢えと寒さで失った。昭和十九年十二月十三日、治安維持を理由に猛獣類の射殺命令が出され、ライオン、ヒョウ、トラなどが射殺された。昭和二十年の終戦時には動物園関係者の必死の努力で守られたインドゾウ二頭、チンパンジー一頭、鳥類二十三羽が生き残っていた。戦争が始まる前には九六一匹いた動物のうち生き残ったのはたったの二十五匹であった。小さいもの、弱いものがいちばん犠牲になるのが戦争である。ゾウはサーカスから来た四頭のうちのエルドとマカニーであった。このエルドとマカニーが終戦後の子どもたちに大人気となり、大きな夢を与えた。大スターとなったエルドとマカニーも昭和三十八年（一九六三）の九月と十月にこの世を去った。エルドとマカニーは他の動物たちと共に慰霊碑に眠る。

　この慰霊碑は一九六四年に東山ライオンズクラブの寄贈により建てられたものである。石板に嵌められた銅板には半肉のエルドとマカニー、多くの動物たちの像が見られる。碑の前の副碑には「どうぶつの慰霊

名古屋市長　杉戸清」と刻まれている。エルドとマカニーの遺体は別々に埋められたようであるが、碑はその近くに建てられたという。碑の前で毎年九月に動物慰霊祭が盛大に行われている。

動物慰霊塔（愛知県豊橋市大岩町、豊橋総合動植物公園）

碑裏には「昭和十二年六月　神戸小三郎書」と刻まれている。動物園で死んだ動物たちに対する感謝と供養のための碑である。昭和三十年（一九五五）より碑の前で慰霊祭が行われている。近くに、**ラッコ慰霊碑**があり、その碑裏には「ロシアコマンドル諸島より来園したラッコが、ここに安らかに眠る」と彫られている。碑の横には、平成七年（一九九五）三月吉日建之と刻まれた石柱がある。

2・野生動物

陸生動物

サル（猿）

〔概説〕ニホンザルの北限は下北半島であり、日本各地にサルがいて、時折、人の居住地に現れて問題になる。霊長類のサルはヒトの近縁種であり、野生であっても人間は近親感を持ち、餌づけをしたりする。サルと人に関する伝説に関わる塚がある。

猿の墓（徳島県鳴門市大麻町大谷）

鎌倉時代の伝説のサルの墓である。今より六百有余年前、大麻山中一帯に多数のサルが棲息していた。その中の一頭の大猿が群れを率いて度々村人に危害を加えるが、これを退治しようとする者がいなかった。このことを知った播州の猟師が大猿を退治して村人を救おうと考え、遠路はるばる大麻に来て大猿に立ち向かったが、逆に大猿に殺されてしまった。この悲報を郷里で聞いた猟師の弟は兄の仇を討ち、村人を救おうと大麻に来て苦心の末に大猿を殺し、仇を討つとともに村人を難儀から救った。村人たちは協力して猟師の墓と猿の墓を建立した。猿の墓には文保二年（一三一八）と彫られている。

山神宮（長野県伊那市柏木）

江戸時代の寛延年間（一七四八〜五一）の話。信州入野谷村の勘助という猟師が冬の日に猟に出たが、不猟での帰り道、大木の上で大猿が居眠りをしているのを見つけ、これを一発で仕留めた。家に戻ったが夜になったので、皮は明日剥ごうと手足を縛って囲炉裏の上に吊るして寝た。夜中に目を覚ますと、三匹の子猿がかわるがわる囲炉裏で手をあぶっては他の二匹を踏み台にして親猿の鉄砲傷の跡を温めて手当をしていた。勘助は子猿たちを哀れに思うとともに、自分は生計を立てようとして、なぜこんな情けないことをしてしまったのかと先の非を悔いた。夜が明けると、親猿を大きな一本松の根元に葬って石塔（山神宮）を建てて弔い、猟師を廃業して仏門に入り、諸国行脚の旅に出た。この子猿たちは孝行猿と呼ばれ、明治、大正、昭和にわたって修身（道徳）の教科書に載せられた。

山神宮　石塔

ほかにも平安時代の伝説にある写経猿の墓である**猿塚**（新潟県胎内市乙、乙宝寺）、江戸時代の寛永年間（一六二四〜四三）の話にある**猿塚**（東京都港区愛宕、栄閑院）が知られている。また、新しいものとしては、日本モンキーセンター（愛知県犬山市犬山）に昭和三十六年（一九六一）に建立された学術研究用サルのための**猿塚**がある。

猿塚　石板

クマ（熊）

〔概説〕日本には、北海道に住むヒグマと本土に住むツキノワグマがいる。狩猟の対象となったクマの慰霊碑が各地にある。

熊塚（宮崎県西臼杵郡高千穂町河内中河内、熊野鳴滝神社）

享保年間（一七一六～三五）の話である。石祠の中にクマの絵を刻んだ方形石板が収められている。祖母・傾山系の猟師の間では、「熊を殺すと、一匹でも七代祟る」という伝説があり、信じられていた。そこで、クマを殺した人達は祟りを防ぐためにクマの墓を建てたり、慰霊祭をしたりした。神社の近くに住む佐藤家の先祖の岩助という人が代官に強要されて出没する妊娠した雌熊を銃殺したところ、村に病人が出たため、当時の宮司が祟りを鎮めるためにこの石祠を建立した。享保年間のことである。

現在でも、正月に注連縄《しめ》、松竹梅の枝、竹筒に入れた神酒「かけぐり」を供える。九州地方のツキノワグマは昭和六十二年（一九八七）に豊後大野市で誤って射殺された雄熊を最後に絶滅してしまった。九州地方ではイノシシやシカを千匹獲ると祟るといわれ、供養のために千匹塚を建てて猟を廃した。江戸時代の千匹塚が大分、熊本、佐賀の各県に残されている。千匹塚は全国に六十数基現存している。熊一頭は猪鹿千匹に匹敵すると考えられていた。高千穂町には岩戸馬生木や障子岳山頂にも熊墓がある。

熊塚　石祠

千足供養塔（山形県上山市大門古屋敷）

狩猟で殺したクマを供養するために熊撃ちの名人が明治五年（一八七二）に建立した石碑である。

自然石に「明治五年壬申年建之當村
　千疋供狼塔　十月吉日花谷譽吉」と刻まれている。息子が明治五年、クマに襲われて怪我をしたことを深く痛み、自分にクマの祟りがあるのは仕方ないが、子どもに障りがあるならば、今後一切殺生はやめようと稼業の狩猟の仕事をやめ、供養塔を建立したという。

熊供養塔（福島県西郷村、雪割橋北詰）

正面：百四頭之霊　熊供養塔　福島県知事木村守江　昭和四十六年（一九七一）四月四日　西郷村川谷独古直一

熊供養碑（山形県小国町小玉川）

碑文に「霊峰飯豊山の山懐に抱かれた小玉川は、縄文以来のマタギ文化を、四百年に亘り脈々と今に伝えている。これに献身した幾多の熊の霊を弔い、先人に敬愛の意を表し、マタギ魂の伝統の灯が永久に点らんことを念願し、慎んで熊供養碑を建立する」とある。二〇〇四年十一月二十三日に完成し、除幕式が挙行された。

熊供養塔　自然石

イノシシ（猪）

〔概説〕イノシシは縄文時代から現代に至るまで、日本の代表的な狩猟動物である。

鳥獣供養塔（佐賀市三瀬、杉神社前）

有蓋板状石塔、佐賀市有形民俗文化財に指定されている。

正面：上部に半肉佛像、中央に十八歳至五十歳猟師山本軍助　山本軍助利恭　慶長一七壬子年（一六一二）一一月の三行銘文、下部に鳥、鹿、猪の線刻

本碑には次のような伝承がある。

「山本軍助の先祖は、山内城主神代氏に仕える武士であったが、軍助は

一八歳の頃から猟師となって狩猟に専念し猪一〇〇頭を仕留める志を立てた。五〇歳にして既に九九頭を射止め、あと一頭で念願達成という時、物の怪に悩まされたので、今まで自分が為して来た殺生の罪深きを悔悟し、一念発起して仏道に入り、これまで殺傷した鳥獣の供養塔を立ててその霊を弔ったのが本碑であると伝えられている」

なお、「鳥獣供養」と記されている場合、狩猟動物を示し、「畜魂」や「獣魂」の場合はと畜または殺処分動物を示すことが多い。

鳥獣供養塔　有蓋板状石塔

猪鹿千匹塚三基

（日田市小野市木、集会所）

右から、石柱　正面：文化九□□五月　猪鹿供養塔　左面：施主九十□代　権藤勇平　九十□代同十郎

中、半肉石像、台座正面：猪鹿供養塔千百□□　台座左：慶應二丙寅春三月建之　施主

左、石柱　正面：猪鹿供養塚　左面：施主　猟師中　右面：千三百匹余　権藤利左ヱ門

と江戸時代末期の碑が並んでいる。クマの項で触れたように江戸時代の猪鹿千匹塚が九州を中心に全国で六十二基ほど残されている。立石寺で有名な山寺地区にも**猪供養碑**（山形県山形市山寺、地蔵堂）がある。宝暦五年（一七五五）の大飢饉のときに、立石寺の特別許可を得て殺生禁断の地でイノシシ猟をした。その際、供養のために山寺惣中により建立された碑である。平成二年（一九九〇）に市指定有形文化財となっている。

シカ（鹿）

〔概説〕シカは森林で生活する反芻動物で木の葉を主食とするが、草も食べる。日本列島には古くから生息し、狩猟の対象とされ、肉、皮、角、骨が利用されてきた。各地の縄文遺跡からシカの骨が発掘されている。一方、シカは春日神社の神の眷属として神格化されている。最近では数が増え、森林の食害のため害獣として殺処分の対象ともなっている。農林水産省のまとめによると、二〇一六年度の野生鳥獣被害は総額一七二億円であり、シカによる被害額が最も多く五十六億円、続いてイノシシ五十一億円、カラス十六億円、サル十億円などとなっている。ニホンジカやエゾジカの場合、農水省の補助金で農地などを囲む防護柵の設置や猟友会などによる捕獲処分が行われているが、対策が追いついていない。

鹿千供養塚
（宮城県白石市八幡暗木ノ峰）

鹿二千供養塚
（宮城県白石市深谷三住）

伊達政宗を始め代々の仙台藩主は時々大規模な鹿狩りを行った。慶安三年（一六五〇）藩主忠宗は片倉重長とともに蔵王山麓で大巻狩りを挙行した。勢子は二千五百余名であった。総指揮官は仙台青葉流マタギの創始者・田村男猿が勤めた。獲物は三日間でシカ三千余頭、イノシシ、カモシカ、クマなど百余頭であった。このとき男猿は三十六歳であったが、発心してシカその他の獣魂供養を行った。自ら碑文を揮毫し、施主となって盛大な献碑式を挙行した。鹿千供養塚と鹿二千供養塚がそれであるとされる。この二基の碑には建立者名と建立年は記されていないが、巻狩の山御案内役の片倉三右衛門系譜の中の鹿三千の供養を行うとあること、二つの碑を併せて三千頭の供養であること、さらに、両碑の書体が酷似していることなどから、青葉流マタギの開祖男猿こと片倉三右衛門の建碑ではないかと考えられている。

鹿千供養塚　自然石（白石市教育委員会提供）

鹿二千供養塚（白石市教育委員会提供）自然石

栃木県今市市小百小林戸にも江戸時代（一八四五年）に建立された**鹿供養碑**がある。

鹿供養碑

（岐阜県下呂市萩原町上上呂）

文化六年（一八〇九）三月、萩原の名医藤本仙庵により建立された。塚の裏面には「文化五戊辰十一月十一日朝六時ヨリ同暮六時迄卒雪六尺余降積猪鹿十万迷谷底川岸成群迂成餓死成突殺スコト何千共不知数屍山埜晒労敷不堪見而建立」と刻まれている。文化五年（一八〇八）の旧暦十一月、飛騨地方を襲った豪雪によって山から迷い出た何千という獣が谷底や川岸で死んだ。この大雪の降った翌年の文化六年三月に、萩原の十三名の名主が高山の役所に提出した文書が現存しているが、それによると、猪二五七匹、鹿一千一一四匹、猿十一匹、計一千三七二匹が死んでいたと報告されている。ところが、こんなに多くのイノシシやシカが死んでいるのに、早くも翌年の文化六年には諏訪神社に、猪・鹿の退散祈願をした祈祷札がある。あの大雪に生き残ったイノシシやシカが、たくさんいたことが分かる。村人たちは、死んだイノシシやシカがとても可愛そうで見ることもできず、供養のために鹿供養塚を建てた。その頃は、大切な農作物がシカやイノシシに食い荒らされるのを防ぐために、「しし垣」や「柵」を設けたり、寝ずの番をしたり、退散祈願をしたりして、被害を食い止める努力をしていた。このような憎い動物でも、死んでいったあわれな姿に涙を流し、供養の塚を建てて冥福を祈ったのである。昭和十三年（一九三八）一月六日岐阜県文化財史跡に指定、昭和三十一年（一九五六）二月七日萩原町文化財史跡に指定された。

鹿塚

（奈良県生駒郡斑鳩町龍田）

正面：鹿塚　聖徳太子御縁故之地
裏面：大正十年四月建之　龍田青年

鹿塚　小墳・自然石

団西部分団

説明板には以下のように記されている。

「伝説によると、聖徳太子が多くの家来をつれてこのあたりを通られた時、家来の飼犬と鹿とが喧嘩をし、犬が鹿のすねにかみつき、倒れた鹿を見られた太子は傷の手当をして逃がしてあげられた。数日後、再び犬が鹿を追いかみつき、鹿の足を三つに折り、鹿はひとたまりもなくかみ殺されてしまいました。太子は、宮にお帰りになり夢殿に入られて、このできごとを深くお考えになられ、これは、前世の宿業によるもので、嫉妬からきたうらみの深さをおそろしいものだとお悟りになられました。そして、うらみの深さをいつまでも伝えることのないようにと、死んだ鹿の冥福を祈って墓を造ってあげられた（円墳）。時が流れて犬もこの世を去りました。太子は鹿の墓のそばに犬の墓を造ってあげられたといいます。今の鹿塚（石碑）は地元の方によって、この伝説を忘れないようにと建てられたものです。」

鹿塚
（奈良県奈良市春日野町鹿苑）

春日大社は鹿島の武甕槌命《たけみかづちのみこと》、香取の経津主命《ふつぬしのみこと》、枚岡の天児屋根命《あめのこやねのみこと》および比売命《ひめみかみ》を祀る。藤原氏の氏神として神護景雲二年（七六八）に創建された。四座の神は一体化して春日大明神と称され、文治の神として知られる。絵巻物『春日権現霊験記』は春日神社の社史でもあるが、社伝によると平城京の建設に際し、武甕槌命は常陸国の鹿島神宮から鹿の背に乗って春日山（御蓋山）に遷座したとされる。したがって、春日山は御神体でもあり、神山とされ、斧鉞《ふえつ》が入らない原生林となっている。山のふもとの春日野には神の使いとされた神鹿が千二百頭ほど生息してい

鹿塚　小墳・石柱

る。人との共生は珍しく、天然記念物に指定されている。交通事故も少なくなく、毎年百頭ほどが事故や病気などで死んでいる。死んだシカは火葬されて鹿苑にある鹿塚に埋葬される。奈良の鹿愛護会の人たちにより毎年十一月に「鹿まつり」が催され、死んだシカを慰霊する。鹿塚の前に設けられた祭壇にはシカの好物の鹿せんべいが載せられ、春日大社の神職が慰霊詞を読み上げる。「鹿まつり」の式次第は次のようになっている。「開式、総員一拝、献饌、慰霊詞奏上、拝礼、撤饌、総員一拝、会長挨拶、閉式」。

室町時代建立と伝わるシカの墓、二基が大分県にある。鹿墓（大分県国東市国見町岐部鹿墓）と鹿墓（大分県国東市国見町岐部小江、一九九三年再建）である。

キツネ（狐）　タヌキ（狸）　オオカミ（狼）　カワウソ（獺）　イタチ（鼬）　ネズミ（鼠）

〔概説〕キツネやタヌキは古典、昔話などに古くから登場するので、日本人にはなじみがある。キツネについての日本人のイメージは山の神や田の神の使い、さらに稲荷（農耕、商売繁盛の神）の使いであり、また、さまざまな昔話にあるようにいくぶん狡猾で人を化かす不可思議な霊力もった動物といったところであろう。キツネ塚に登場するキツネはどうだろうか。

狐塚（滋賀県守山市古高）

五世紀中頃に造られたといわれる小さな円墳がある。土地の有力者の墓と考えられるが、やがて、そこにキツネが住むことから、キツネ山と呼ばれるようになり、稲荷を祀る近くの金森神社の祭のときにキツネの好物の供物が供えられるようになった。キツネはネズミを捕るために農耕神の使いとされ、この地のように近くの小山を狐塚とすることが多い。

狐塚（愛知県常滑市晩台）

知多半島の西側にある常滑市は『ごんぎつね』の作者・新見南吉《にいみなんきち》の故郷に近い所である。このあたりでは、今でもまれにキツネが現れることがあるという。小倉地区晩台の田んぼの中に狐塚はある。この狐塚は、昔、田の神を祭る祭場として築かれたもので、田の神の使いであるキツネが棲んでいたといわれる。田の神は、冬には山にあり、春は田に降って秋の収穫が終わるまで稲作の守護に当たると信じられていた。この狐塚が造られたのは、この地の人々が三狐《さんこ》神社を祀って産土神とした時とほぼ同時代の奈良時代か、それ以前と考えられる。三狐神社の神もまた狐を使いとしていたとの口伝がある。古代、この地区は前山川と谷田川下流のデルタ地帯で、入江に囲まれた中州のような地形であったと考えられる。やがて、谷田川に堤防が築かれ、狐塚の部分を残して干拓が進み、周囲は次第に稲田と化した。狐塚のあるところは「狐塚」の小字で呼ばれてきたが、昭和六十一年（一九八六）の町名変更により「晩台」と改名された上、狐塚も放置された。貴重な民俗文化財の煙滅を恐れた小倉地区の有志が塚を整備し、「狐塚」の碑を建て、末永く史跡として保存することとなった。平成二年（一九九〇）九月、小倉地区狐塚保存会愛知用水土地改良区小倉管理班により改修がなされた。

狐塚　小墳・自然石

〔概説〕タヌキも人を化かすとされたが、キツネと比べるとやや滑稽な愛すべき存在であり、神格化はされないできた。しかし、江戸時代の終りから明治時代の初め頃、キツネの棲息しない地域（あるいは棲息密度の極めて低い）である徳島県や新潟県の佐渡にタヌキの祠が造られるようになる。江戸時代に盛んになった現世利益的な稲荷信仰の代替えとして、キツネに代わってタヌキが利用されたことになる。数が多いので徳島と佐渡の例をそれぞれ一例ずつ挙げる。

お睦タヌキ祠

（徳島県徳島市寺町、妙長寺）

江戸時代末期に建立されたとされるが、大正時代には参詣人が日に数百人は下らず、一日に八百個ほどの油揚げが供えられたという。ご利益は妊娠、安産、育児などである。徳島県のタヌキ祠に祀られる神格の能力は憑き祟りの鎮静化や現世利益である。タヌキ信仰の推進者は修験者、陰陽師、僧侶、神官などであった。

二つ岩大明神

（新潟県佐渡市相川町下戸）

下戸《おりと》の山道を登ると、団三郎タヌキを祀る二《ふた》ツ岩《いわ》大明神がある。入り口の説明板には「古い昔、山中に団三郎という老狸が住んでいたといいます。昔の有名な作家・滝沢馬琴《たきざわばきん》の「燕石雑志《えんせきざっし》」にも病気をして町の医者を呼びに行ったり、困った人にお金を貸せた（今から四百年前）話も出ている。佐渡狸の頭領といわれて、島内に百以上の部下（諸神）を持っていたという。「関の寒戸」や「赤泊の禅達」などと昔は山伏の祈祷所だったらしく、安産、家内安全、消除諸災の御利益があると、参詣者が多い。毎月十二日が縁日である。春、四月十二日大祭を行う。」と刻まれている。入り口の赤い鳥居をくぐると四百本もあろうか、白木の鳥居のトンネルが続いている。京都の伏見稲荷大社の朱塗りの千本鳥居（実際は三千本）を連想するが、こちらのは白であるところが印象的である。途中に奉納所と籠り堂があり、この辺りから幟が立てられている。さらに進むと岩地に御堂が立ち、奥の祭壇の下に岩穴が

二つ岩大明神　石窟、石祠

二つ岩大明神鳥井　白木

ある。堂外奥の岩の上に小さな石祠が置かれている。堂内には原色の帯状の布が垂れ下がり、幕も張られている。外には幟が立ち並んで風にはためいていた。この二つ岩大明神については、江戸時代の天保年間から記録に表れ始めるが、その歴史については不明な点が多い。現在の形になったのは明治初期と考えられている。真新しい鳥居があるので訪れる人がいることが分かる。ご利益は病気治癒、商売繁盛など様々な現世利益である。キツネの生息しない佐渡では本土から流れてきた修験者《しゅげんじゃ》などのいわゆる里修験といわれる祈祷、卜占《ぼくせん》、祭祀などに携わる人たちがタヌキ（貉）信仰を編み出して広めたと考えられている。

〔概説〕ニホンオオカミはすでに絶滅したが、オオカミの人との交渉は古く、『日本書紀』で欽明《きんめい》紀に神格化されたオオカミが登場する。山の神と信じられていた。それが現在でも秩父の三《みつ》峯《みね》神社、青梅の武蔵御嶽《むさしみたけ》神社、遠江《とおとうみ》の山住《やまずみ》神社など多くの神社が神の眷《けん》属としてのオオカミを祀っている。いわゆる「大口真神」、「おいぬさま」である。防火、盗賊除、悪疫除、獣害除などのご利益の霊験があり、御札が発行され、講が結成されて信者が関東を中心に東北へも広がった時期もあったが、オオカミ自体は明治時代になって急速に絶滅に向かった。人への危害や牧畜の被害による駆除、ジステンバーや狂犬病などの伝染病の流行、耕作地の拡大による獲物の減少など様々な要因による。次に動物報恩譚としてのオオカミ塚の一例を挙げる。

狼塚（山梨県富士河口湖町、善応寺）

寛永年間（一六二四～四四）のある時、夜明け前に寺の裏山でオオカミの苦しむ声が聞こえ、住職が行ってみると、骨がのどにささり、苦しんでいたので、衣の袖を手に巻いて抜いてやった。数日後、オオカミが寺の庫裏にウサギを置いて行った。その後も時々ヤマドリなどをくわえてきて、住職に恩返しをした。やがて、そのオオカミが年老いて死ぬとき、庫裏に来て、一声呼んで死んだので、恩義を忘れないオオカミの心情を哀れに思い、地蔵堂の横に埋葬、石碑を建てて供養した。同様のオオカミの報恩譚は福井県三方郡三方町藤井の向陽寺（狼寺）にもある。

広島県庄原市高野町和南原《わなんばら》にはオオカミの祟りにかかわる**狼塚**がある。江戸時代末期、和南原でオオカミによる被害に困った八谷助市という人がそのオオカミを捕殺すると、八谷家に不幸が続くようになった。そこで、昭和になってオオカミの祟りと考え、昭和七年（一九三二）に狼塚を建立して供養した。

祭獺供養碑

（千葉県柏市箕輪間の坂）

松戸道と若志毛道の追分三叉路にあるこの碑は道標を兼ねていて、正面上部には普賢菩薩の真言が梵語で刻まれ、その下に「文化十四年、祭獺之制底、八月十三日」と刻まれている。祭獺《さいだつ》はカワウソが捕った魚を川岸に置くのを先祖祭りに見立てた「カワウソの祭り」と関連した表現で、制底《せいち》は梵語で廟を意味する。左側面に「左　若志らが道」、右側面に「右　杢戸道」と刻まれている。碑の側の木柱に記された旧沼南町教育委員会の説明には、「碑は箕輪の廣瀬佐惣治が弟とカワウソの供養に造立したものと伝えられる」とあるが、別の伝承では、「昔、廣瀬佐惣治という魚捕り好きな若者がカワウソを目の敵にして殺し、そのせいか、若死した。これを悼んで廣瀬家がこの供養碑を建てた」となる。なお、ニホンカワウソは一九七九年以来目撃情報がなく、二〇一二年に絶滅種に指定された。

祭獺供養碑　石柱

いたち供養碑

（栃木県日光市小倉山、日光有益獣増殖所跡）

林野庁宇都宮営林所日光有益獣増殖所（御厨正治所長）は林業を脅かす野ネズミの天敵であるイタチを餌つけ、馴化、放獣する目的で一九五九年から一九七〇年にわたり日本イタチの増殖研究を始めた。利尻島、八丈島などの国有林に放獣したが、野ネズミ対策としては思ったほどの成果は上がらず、一九八〇年には増殖所は閉鎖された。増殖所跡地に一九八〇年頃いたち供養碑が建てられた。

鼠供養塔

（群馬県高崎市倉賀野西町、安楽寺）

　多層石塔の上胴の四面に一字ずつ、鼠、供、養、塔と刻まれ、下胴の四面にも建立の趣旨と見られる文字が刻まれているが、一部しか判読できない。供養のために多層石塔を建てた旨は分かる。倉賀野脇本陣の須賀庄兵衛が自宅の蔵のネズミ供養のために建てたとの説、倉賀野川岸の米蔵を解体するときに多くのネズミを殺したので供養のために建てたなどの説がある。「寛政辛亥初夏」の文字が読み取れるので、寛政三年（一七九一）の建立と考えられる。ネズミと人のつきあいは非常に古く、日本に弥生人が農耕文化をもたらした時からネズミに穀物を食い荒らされたであろう。日本の昔話にはネズミが登場し、江戸時代にはハツカネズミがペットとして珍重されたが、それらに関わる塚は見かけない。

鼠供養塔　有蓋石塔

　ネズミの塚が多く現れるようになるのは動物実験にマウス、ラット、モルモットが多く使われるようになってからである。東京都文京区本駒込の吉祥寺には癌研究で著名な吉田富三博士が研究のために命を絶ったシロネズミをはじめとする小動物を悼んで昭和四十八年（一九七三）に建てた**シロネズミの碑**がある。博士の墓石の横に建てられている。また、渋谷区広尾の祥雲寺《しょううんじ》には明治三十三年（一九〇〇）から翌年にかけて大流行したペストの防疫処置のために捕えられ、処分された百万匹を超えるネズミの供養のために明治三十六年（一九〇三）に建てられた**鼠塚**がある。

鳥

（ツル、キジ、オシドリ、サギ、トキ、コウノトリ、ウミネコなど）

〔概説〕ツルについては、その夫婦愛や親子愛に関する伝説に基づく塚が目を引く。

鶴塚

（滋賀県安曇川町三尾里）

　建立年は記されていないが鎌倉時代に造られたとされる鶴塚の宝塔が

鶴塚　石宝塔

あり、次のような伝説がある。

「昔々のある日のこと、猟をしていた一人の武将が一羽のツルを弓矢で射落として、草の中へ落ちたツルを拾いに行きますと、射落としたばかりのツルの首がありません。犬にでも喰われたのかと、その首のないツルを持って帰りました。そして一年が経ちました。冬空に飛ぶツルを今年も見事に射落としました。すると、射落としたツルの羽の付け根に、干からびた一つのツルの首を、しっかりと抱えているではありませんか。去年に射落とした首をなくしたツルと、今射落としたツルとは夫婦だったのです。雌雄のツルの純愛に心を打たれたその武将は、自分の弓矢で命を奪ってしまった二羽のツルを弔うために、この塔を建てて鶴塚と名付けた」

広島県福山市神辺《かんなべ》町西中条には嘉永三年（一八五〇）に建立された**鶴の供養碑**がある。この供養碑には半肉彫りのツルの像があり、下に奉供養村中安全と刻まれている。この塔にまつわる伝説は「二羽のツルがこの地に飛来し、一羽が猟師に撃たれた。草むらに落ちたツルの行方は分からなかった。翌年、一羽のツルが飛来して急降下した。村人が不審に思って探すと、前の年に死んだ子ツルに寄り添い親ツルが自ら命を絶っていた。この親子の鶴を哀れに思い、村人が供養碑を建てた」というものである。

つる塚（山口県周南市八代）

八代《やしろ》は特別天然記念物八代のツルおよびその飛来地として知られている。ツルの里地区にはツルの墓が三か所にある、下魚切《げざかなぎれ》の「つる塚」、上市の「鶴の墓」、松尾の「鶴の墓」であるが、最も古いものがこの「つる塚」である。塚の説明文によると、その由来は「文政三年（一八二〇）の冬魚切居住の宍戸藩士　林此面は農民二人と共に、字掘貫の山田に落ちていた病みツル一羽を見つけ、これを自宅で長い間看護に努めたが、ついに死んだので、屋敷のうらやまの自家の墓にねんごろに葬って墓石を置いて供養した。現在、下魚切の丘にあるものは、昭和三十年初冬に地域の人が相よって改葬したもので、広島県瀬戸田耕三寺住職　金本耕三師等が読経供養したものである」となっている。八代の人々とシベリヤから越冬のために飛来するナベヅルとの長い心温まる交流の歴史が現在のツルの里八代のすがたによく反映していることが分かる。

コウノトリの墓

（兵庫県養父市大藪、泉光寺）

泉光寺に弘化三年（一八四六）建立のコウノトリの墓がある。石碑の表には「相奈禮《あいなれ》て　三日千寿《みっかちとせ》の別れか那《な》　松翁」と俳句が刻まれ、その下にコウノトリのレリーフが彫られている。松翁とは大島貞利の俳号である。大藪は旗本・小出家の知行《ちぎょう》であったが、当時の大藪陣屋の代官で小出家の家老の貞利は、可愛がっていたコウノトリが死んだ際、同寺に埋めて供養碑を建てた。

後に日本国内での生息が二三羽にまで減ってしまったコウノトリは、一九五六年に特別天然記念物に指定され、一九六五年からは豊岡盆地の個体を捕獲して豊岡の施設で人工飼育をスタートした。しかし順調には進まず、一九八五年にソ連のハバロフスク地方から野生の幼鳥六羽が贈られた。一九八六年には日本産の最後の一羽が死亡し、日本のコウノトリは絶滅した。一九八九年、ハバロフスク産のコウノトリにヒナが誕生し、二〇〇五年に野生放鳥に成功した。豊岡の「兵庫県立コウノトリの郷公園」などによると、現在の国内コウノトリの生息数は約二九〇羽（二〇一八年二月現在）であり、そのうち九十三羽が屋外で暮らしているという。繁殖地も豊岡以外に数か所でき、四十六都道府県で飛来が確認されている。

コウノトリの墓　半肉像自然石

鴛鳥塚之碑

（栃木県宇都宮市一番町、おしどり塚児童公園）

鎌倉時代の『沙石集《しゃせきしゅう》』に紹介された物語の旧跡地（市指定史跡）に明治二十七年（一八九四）八月に建てられたオシドリの碑である。碑に刻まれた碑文を記すと、「此所の小流を求食川と呼び、その水土を求食沼と云昔此邊に猟師あり或時鴛の雄の首を射りて軀のみを得たり、明朝雌を射止めけるに其羽かひの下に雄の首を抱けり猟師これを見て発心し此所に埋めてしるしの石塔を建てしと在此物語は無住法師の沙石集に載たり無住は梶原景時の孫宇都宮頼綱の室の甥なれば梶原一家亡びの後當所に来たりて在りし故に聞書せしものなるべし、今此所の人々相はかり其要を石に彫て後の人に告ぐ」となる。

ウミネコ供養碑　歌碑・金属像

ウミネコ供養碑

（青森県八戸市鮫町蕪島、蕪嶋神社）

碑には「大神の　み使いかこれうみねこの　姿のあまり　うつくしければ」という柳原白蓮の歌が刻まれている。白蓮こと葉山蓮子が昭和二五年（一九五〇）に高木邦子とともにこの地を訪れた際に詠んだ歌である。歌碑の前にはウミネコのブロンズ像が置かれている。

霊鳥白雉の碑

（山口県長門市真木、大歳神社）

大化六年（六五〇）、穴門国《あなとこく》国造首《くにのみやつこ》であった草壁連醜経《くさかべのむらじしこふ》が麻山《をのやま》で捕えた白いキジを朝廷に献上した。朝廷はこれを瑞祥だとして、盛大な儀式を行い、元号を「白雉《はくち》」と改めた。そして大化の改新により天皇となった孝徳天皇の権勢を世に知らせることになった。明治百年を記念して昭和四十年（一九六五）に真木の有志により碑が建立された。『日本書紀』にこの白雉についての記述がある。

鷺魂碑

（福島県会津美里町、伊佐須美神社）

明治以前からか、伊佐須美《いさすみ》神社の社叢《しゃそう》に二千余羽のゴイサギとウが棲息していた。神社では境内に汚物を散らし、参拝者の衣服をも汚し、樹木をも枯らし、社叢全滅の恐れがあり、また農民からも農作物の被害が甚だしく、宮川の放流アユは年三万円の被害を訴えられた。駆除要求が受け入れられ、昭和十六年（一九四一）五月十四日県保安課が有害獣と認定したので、猟友会では五十日間にわたって散弾銃をもって二千五百羽を射殺した。一時は天然記念物指定の話もあった鳥たちも駆除された。年を経て、昭和五十一年（一九七六）、当時を知る人が集い、社叢内に鷺魂碑を建ててこれを供養した。

トキの碑

（新潟県佐渡市新穂長畝、トキの森公園）

自然石に嵌め込まれた金属パネルにトキのレリーフと「朱鷺よ　キンよ　永遠なり　新潟県トキ保護募金推進委員会会長　新潟県知事　平山征夫書」とが刻まれ、キンの慰霊とトキ野生復帰の願いを込めた碑である。二〇〇四年三月十五日に建立された。特別天然記念物である日本産トキの野生種は二〇〇三年十月十日に最後の一羽キンが死んで絶滅した。遺伝的には同一種とされる中国産トキを譲り受けて人口繁殖させ、二〇〇九年に最初の野生放鳥に成功した。以来、佐渡トキ保護センターなどで飼育され、野生へ戻す試みが続けられているが、二〇一八年三月現在、飼育下と野生を併せて四五〇羽ほどがいる。

トキの碑　半肉ブロンズ像

佐渡市田切須《たぎりす》地区には二〇〇九年に建立された**日本最後の朱鷺キンと宇治金太郎さんの記念碑**がある。宇治さんは最初に野生のキンに出会い、ドジョウを食べさせるなどの世話をした人で、碑はそのエサ場跡に立っている。

鳥類供養塔

（佐賀県佐賀市川副町福富字米納津）

通称「雁の塔」と呼ばれるこの塔は米納津《よのづ》という所にあるが、筑後川のデルタ地帯で佐賀空港にも近い。昔は鍋島藩の御猟場《ごりょうば》であったところで、今は田の中に部落が点在している田園地帯である。塔は有蓋八角石柱で、塔身の正面には「回向　鶴白鳥雁大小鳥類　壱万二千六百餘之幽魂　業性転滅」、左回りに「享保第十四巳酉年」、「金父月　佛名聞十方具一切善根　廣饒益衆生以助無上也」、「導師醫王山松陰寺」、「修繕大乗妙経漸贖百五十部　三千佛名禮賛三晝夜　大乗妙経書寫一字一石供養之塔」、「現住　機外大転誌焉」、「地獄偈　若人欲了知　慶観法界性三世一切沸　一切唯心造」、「二月二十有八日」と刻まれている。説明板には「この辺一帯は鍋島藩当時の御猟場で、かつてはお屋敷内と呼ばれ、竹林などがあったが当時多くの鳥類が狩猟の犠牲になったため、その霊を慰めようと、享保十四年（一七二九）二月二十八日に、鳥類殺生の業生転滅を願ってこの塔が建立された。五代将軍、徳川綱吉が生類憐みの令を発布してから四十一年後のことである。碑文の一節に　鶴白鳥雁大小鳥類　壱万二千六百餘之幽魂　業性転滅　とあり、また　大乗妙経を読誦すること百五十部、過去、現在、未来の三千佛の御名を唱えること三日間、経文を一石に一字ずつ書写して供養する　という意味の一文も刻み込まれている。現在地より南東八十五メートルのところにあったが昭和六十三年（一九八八）一月三十一日圃場《ほじょう》整備事業のため、現

鳥類供養塔　有蓋六角石柱

在地に移転復元された。なお、佐賀市久保泉町にも、この塔とほぼ同じ供養塔が現存している。昭和六十一年一月　川副町教育委員会」とある。なお、米納津では、毎年、東光寺、龍泉寺の二人の和尚さんを招いて、区民が塔の前で供養を実施している。その後、東光寺において虫供養を行う。区の年中行事である。なお、塔は佐賀市有形民俗文化財に指定されている。

虫

（伝説、食用、学芸、風流、害虫）

〈伝説〉

百足供養堂

（滋賀県大津市瀬田、雲住寺）

御堂の中に金属製のムカデ像が祀られている。台座に「平成六年十月吉日　第二十五世行譽泰雄」と記されている。雲住寺では檀家の人たちによって定期的に俵藤太（藤原秀郷）の百足《むかで》退治伝説に関連した百足供養会が行われている。虫供養を兼ねているので石製のモニュメント（虫塚、小さな命ここに眠ると彫られている）が堂の横に設置されている。子どもたちが夏休み中の昆虫採集などで犠牲にした虫たち供養のために檀家の母親たちが二〇〇六年八月に建立した。平安時代、平将門の左目を射抜いて乱を鎮めた弓の名手である俵藤太が瀬田の唐橋の川底にある竜宮の乙姫の願いにより、三上山を七巻半するという大百足を弓で退治したという伝説があり、雲住寺に隣接して、秀郷と乙姫を祀る勢田橋龍宮秀郷社が唐橋東詰にある。

百足供養堂　金属像

蜂塚（大阪府摂津市千里丘、金剛院）

平安時代末期の第七十五代崇徳《すとく》天皇（一一一九〜一一六四年）時代のハチに関する伝説に由来した多層石塔である。説明板によると「崇徳天皇の御代に贖徒蜂起し、官軍はこの討伐に向かったが逆に押され、これまでという時、当山に駆け込み、蜘蛛の巣にかかった蜂を見て『もはや命運つきたり、この上はせめて蜂の命を助け善根を施さん、薬師如来ご照覧あれ』と蜂を助け『ご本尊様この度の討伐勝利を得ば、更に堂宇を林営し永く鎮護国家の道場となさん』と誓い祈念したところ、それに呼応するが如く山内鳴動し数万の群蜂出現して彼の贖徒を刺し或いは眼に入り、無牙にして追い払えりと、然れども歓喜のあまりこの由を速やかに奏上すべく去り、誓った堂舎可ならず、供田若干を寄付せられたのみとなる。その後も蜂の大群が盗賊から村人を救い、二度までも不思議な蜂の出現に本尊の霊験あらたかなるを知り、永くご加護を戴く為、以来、放光山味古寺は霊蜂山（現蜂熊山）蜂前寺金剛院と改称した」とある。

蟻塚　自然石

蟻塚（愛知県新城市長篠字広面）

長篠の戦いに関連した碑である。碑表の正面に「蟻封塔」、その左右の字は判読が困難。右側の字は「安永五丙申稔四月」か。碑の側に設置されている説明板には「新城市指定文化財　種別・名称（史跡）蟻塚　昭和四六年六月十二日指定　所在地　新城市長篠字広面三〇番地　説明　長篠の戦いの戦死者を葬ったところで、ここから蟻の大群が出て村人を苦しめたので、碑を建てて供養し、蟻を封じたと伝えられています。　蟻封塔　高さ１４１cm　自然石　安永五（一七七六）年建立　新城市教育委員会」と記されている。

武田勝頼が本陣を置いた医王寺（西北に約１km）の住職（第十四世慧覚）を招いて開眼供養が行われた。長篠の戦い戦死者を葬った信玄塚が新城市竹広にも残されている。織田・徳川連合軍と武田軍による設楽原の戦いによる両軍の戦死者を竹広地区の村人が大小二つの塚に葬ったものであるが、この塚から多数のハチが発生し、村人や通行する人馬に多大な被害を与えた。村人はハチが武田方の戦死者の亡霊と考え、勝楽寺の住職を招いて大施餓鬼会を行い、松明を灯して供養したところ、ハチは間もなく収まった。その後も毎年大松明を灯して供養するようになり、それが「火おんどり」として現在も八月十五日夜に行われる。戦いの規模の大きさと激しさが伺われ、村人のこころの痛みが伝わってくる。

〈食用〉

蜂供養塔（長野県東御市加沢）

信州蜂愛好会により平成八年（一九九六）八月八日に東部町《とうぶまち》加沢《かざわ》と北御牧村《きたみまきむら》との境界付近の道路沿い建立された。碑の側に由来についての説明板がある。「スズメバチを讃える　ハチ群団小さな体で大きな仕事人間社会の手本なり。スズメバチの仲間は、世界に六一種、日本に一六が分布するが、わが信州には一五種が生息している。その生活史は、春、女王蜂の単独による巣作りから始まり、働きバチを育てると巣は急速に発達して、秋には数千頭の大群となり、さらに多数のオスと新女王を育て上げたのち、巣社会を解散して、交尾した新女王バチのみが生き残って越冬し、次世代を担う。営巣場所は人家の軒先、木の枝、土中と様々で、木質繊維を集めて作られた木目模様の巨大な造形美は厚い外皮に覆われて、冷暖房を完備し、外敵の侵入を防ぎ、まさに蜂の巣城にふわしい。肉食性で、幼虫の餌として昆虫・青虫・小動物などを狩り、害虫退治にも貢献し、樹液、甘露なども集める。ハチは働き者である。朝早くから日没まで、雨が降っても活動し、巣作り・子育て・巣の守護など、独自の社会機構を持ち、労働に励んでいる。海のない信州では、ハチは貴重な蛋白源として利用され、ハチを巣ごと採取してハチの子を食べる習慣があり、栄養価も高く、病弱、病人には最高の自然食として愛用されている。豊かな自然の中でハチを追い、巣を見つけだして採る楽しみ、また持ち帰って飼育し、日々ハチの生活を眺め、さらにハチの子を賞味する喜びは、他には代え難い貴重な郷土の自然があればこそである。ハチは勤勉にして名利を求めない。人間社会では、昨今いじめ・凶悪犯罪など、事件のない日は一日としてない。まさに人間がハチ社会に学ぶことの多い日々となっている。ここにハチに魅せられた同士が相寄り、ハチ年にちなんで蜂供養塔を建立し、永くハチ達を讃えるものである。平成八年八月八日　信州蜂愛好会」と記されている。

食用スズメバチの慰霊碑としては、岐阜県恵那市串原に地蜂愛好会によって平成十年（一九九八）に建立された**地蜂友好の碑**がある。

孫太郎虫供養碑

（宮城県白石市斎川）

斎川《さいかわ》には「甲冑堂《かっちゅうどう》」で有名な田村神社がある。蝦夷《えみし》征伐の征夷大将軍坂上田村麻呂を祭神とする神社の一角に「孫太郎虫供養碑」はある。孫太郎虫はヘビトンボの幼虫であり、清流の小石の間に生息する。古くから乳児の「カン（疳）の虫」に効くとされて広く利用されてきた。斎川産のものが有名で、乾燥して串刺しにして売られた。黒焼きにして粉末にして服用する。日本で開発された漢方薬と言える。この虫を供養するために大正八年（一九一九）に碑が建立された。碑表の中央に「孫太郎蟲」と大書され、その右に「奥州斎川」、左に「八百五十年諱」と彫られている。八百五十年諱というのは、田村神社の略記に「当祭神のお告げにより、九百年以前より強壮霊虫として全国に知れわたる」と記され、大正八年に孫太郎蟲八五〇年祭が行われ、その際に供養碑が建立されたからである。田村神社には孫太郎虫資料館も建てられている。孫太郎虫の名前の由来については、前述の「当祭神のお告げにより…」に関係した仇討由来説などいくつかの説がある。漢方としての孫太郎虫は、虫が捕れなくなっているなどの理由もあり、現在ではほとんど売られて

孫太郎虫供養碑　石塔

いない。

〈学芸〉

蟲塚（東京都台東区上野桜木、寛永寺）

博物画の写生のために利用した虫たちのための碑であるが、碑の表に刻まれた漢文の碑文は風化が進み判読は困難である。読み下し文が二〇〇二年発行の台東区史にある（台東区史編纂専門委員会編『台東区史 通史編Ⅱ 下巻』、東京都台東区）。

台東区教育委員会による碑についての説明文によると、

「虫塚は伊勢長島藩二万石の第五代藩主である増山雪斎の遺志により、写生に使った虫類の霊を慰めるために文政四年（一八二一年）建てられたものである。増山雪斎は宝暦四年（一七五四年十月十四日）江戸に生まれた。本名を正賢といい、幼名は勇之丞、字は君選、雅号に雪斎、玉園、蕉亭、石顛道人、玉淵、松秀園など多くがある。江戸の文人太田南畝や松阪の豪商木村兼葭堂など、広く文人墨客と交流を持ち、その庇護者としても活躍した。自ら文雅風流を愛し、清朝の画家、沈南蘋に代表される南蘋派の写実的な画法に長じ、多くの花鳥画を描いた。中でも虫類写生画譜「虫豸帖」はその精緻さと本草学に則った正確さにおいて、殊に有名である。安永五年（一七七六年）二十三歳遺領を継ぎ、当代一流の文人大名として知られたが、文政二年六十六歳で没した。虫塚は、当初、増山家の菩提寺勧善院内にあったが、昭和初期に寛永寺に合併されたため、現在の場所に移転した。勧善院は、四代将軍家継の生母で、増山氏の出である宝樹院の霊廟として創建された。碑は自然石で、正面は葛西因是の撰文を大窪詩仏が書し、裏面は詩仏と菊池五山の自筆の詩が刻まれている。当時の有名な漢詩人が碑の建設にかかわったことが知られる。」となっている。

なお、廃筆もともに埋められている。

鈴虫万蟲塔　自然石

る筆塚でもある。

〈風流〉

鈴虫万蟲塔（京都府京都市西京区松室地家町、妙徳山華厳寺）

　別名鈴虫寺として多くの参観者がある寺であるが、人工孵化させて飼育する数千匹のスズムシ（松虫）が年中鳴いている。八代目の住職が苦労して人工孵化に成功したが、寺で死んだスズムシ供養のために一九六一年頃に建立した。

〈害虫〉

蝗塚（富山県南砺市上野、神明社）

　高さ四十cm程の小さな花崗岩の石柱の正面に「蝗塚」と刻まれている。かつて大発生したウンカを捕獲して山手に埋め、蝗塚とした。後に石碑（一九一〇年）をその砂山の上に設置した。六ヶ用水改修の際に現在地に移設したものである。毎年七月六日に除蝗祭《じょこうさい》を行う。

　今でも（二〇〇六年）、近くの小矢部市芹川地区で除蝗祭が行われる。太鼓を打ち鳴らして地区内を回り歩き、豊穣を願う。同様の趣旨で行う「虫送り」儀礼は稲作地帯のところどころに伝統文化の継承というかたちで残っている。香川県にある小豆島の土庄町でも半夏生の七月二日、豊作を祈願する虫送りを行う。稲虫の被害が多発した江戸時代から三〇〇年以上続く町の無形文化財で、長さ一メートルほどの竹製の松明（火手《ほて》）で稲の虫を追う。子どもたちや父母たち百数十人が水田を照らしながら進む。島内の小豆島町の中山千枚田で知られる中山地区で

蝗塚　石柱

も戦後途絶えていた虫送りを子供会が二〇〇〇年から復活したが、子どもが少なくなり五年しか続かなかった。それが、二〇一〇年、映画『八日目の蝉』のロケのために一時復活したが、今後も続けるのは容易ではない。農薬の普及する以前の日本では、どこの農村でも田植えから一か月後に見られた虫送りも、今では珍しいものになっている。滋賀県近江八幡市では、一度途絶えた「イモチ送り」の伝統神事を同市の島町と北津田町の人たちの努力で、「地域活性化のため」に二〇〇七年に復活させた。

　農民が水田に発生した稲の害虫を殺し、その霊とともに村境の川や海に送り出し、その虫の供養のために建てた高さ二メートル余りの短冊状の**虫供養塔**が佐賀県佐賀市嘉瀬町《かせまち》扇町《おうぎまち》にある。碑の中央に「謹奉漸贖大乗妙典壹万部」と大書されている。貞享二年（一六八五）の建立で、稲の害虫の塚としては最も古いものであるとされ、一九八〇年に佐賀市重要有形民俗文化財に指定されている。稲の害虫の駆除法は幾つかあり、虫送り祈願も土地によって様々であるが、『延喜式』にも「昆虫之災」は罪と定められているように、当時の人々も虫の災いは神の怒りや怨霊の祟りと考えて恐れ、神仏に加護を願った。平安の昔から虫の害に悩まされてきたのである。殺虫剤や殺菌剤がある現在でも、安全性なども考えると本質的には変わらない。稲などの作物の害虫供養碑は全国各地にあるが、**善徳塚**（福井県小浜市次吉、一八二〇年建立）、**螽蝗衆蟲供養塔**（大分県佐伯市弥生、一七五〇年建立）、**バッタ塚**（北海道札幌市手稲区手稲山口、一八八三年建立）などはよく知られている。

しろあり供養塔　自然石

しろあり供養塔

（和歌山県高野町高野山）

碑表に「しろあり　やすらかにねむれ　社団法人　日本しろあり対策協会」、碑裏に「建立の趣旨　昭和三十四年五月結成された日本しろあり対策協議会が　同四十三年九月社団法人に発展改組を機に　記念事業としてこの碑を建立することとした　生をこの世に受けながら　人間生活と相容れないために失われてゆく生命の憐憫と先覚者への感謝の象徴であり　会の進展団結を祈念するものに外ならない　なお本計画の実現は　関西支部関係者の尽力と　全国からの会員各位の賛同協力に依るものであり　この敷地は会員松平藤佐根氏の寄贈にかかるものである
昭和四六年四月七日　社団法人日本しろあり対策協会　会長　大村巳代治」と記されている。

　他にも、農薬や殺虫剤によって殺された虫たちを供養するために奈良県毒物劇物取扱者協会と奈良県医薬品小売商業組合により昭和五十八年（一九八三）に建立された**虫塚**が奈良県橿原市久米町の久米寺にある。

極めつけは奈良県上北山村白川の林泉寺にある**護鬼佛理天**である。ビル清掃会社が退治してきたゴキブリの霊を慰めるために平成十三年（二〇〇一）に建立したゴキブリのモニュメント（彫刻像）である。

水生動物

〔概説〕日本人は水生動物の塚も陸生動物に劣らず数多く建立してきた。古い時代の塚は神話や伝承に関わるもので、神格化されたウミガメ、ナマズ、コイ、カニなどが登場する。

ウミガメ（亀）　ナマズ（鯰）
コイ（鯉）　カニ（蟹）
ヘビ（蛇）　サンショウウオ
サバ（鯖）　タコ（蛸）

三島神社（愛媛県双海町高岸）

珍しいカメが現れたのを瑞祥《ずいしょう》（めでたいしるし）と考え、六十年足らずの間に元号が三度も変わった時期が飛鳥時代にあったが、その神亀元年（七二四）に愛媛県双海町高岸の浜に海から金幣を背負った霊亀が現れ、そのまま森の中に入ってしまった。人々はその場所に社を建てて祀り、社の後ろの森を「亀の森」と呼ぶようになった。この社が現在の三島神社である。

　静岡県袋井市西同笠には人を助けたウミガメの墓とされる室町時代永和年間（一三七五〜一三七八年）のカメ塚である**亀の松**がある。

靈龜之墓

（兵庫県豊岡市元町、養源寺）

江戸時代になると、一七〇〇年代からウミガメの墓が多く建立されるようになる。豊岡市元町の養源寺には一七三七年に建立された靈龜之墓がある。横にある石碑には「靈亀の墓　この墓碑には　元文二年丁巳二月十五日　施主鹽谷源助　と刻まれています　以前は鹽谷橋本家の墓地の一角の湧き水のほとりに立っていました　言い伝えによりますと鹽谷源助は隠岐の島の塩を持ち来たりこの地方であきなう交易をしていました　あるとき大しけに遭い船が難破しましたが　そのとき海中から大きな亀があらわれ源助を背にのせて豊岡のちかくの陸地まで泳ぎ着いてくれました　亀は力つきたのかほどなく息たえてしまいました　源助は亀に感謝し冥福を願い自家の墓地のかたわらに碑をたて供養したものといいます　鹽谷□二代橋本直樹」と記されている。豊岡市津居山の八幡神社にも一八一二年に建立された**亀塚**がある。

霊亀之墓　石柱

ウミガメの墓は全国のウミガメの上陸地（房総半島、遠州灘、知多半島などの沿岸）などに建立され、その数は百基を優に超える。海神の使いとして航海の安全や豊漁を願う海洋関係者に敬われてきた。小島孝夫編『海の民俗文化—漁撈習俗の伝搬に関する実証的研究』（明石書店、二〇〇五）参照。

なまず神社

（福岡県福津市上西郷）

室町時代のナマズ伝説に関わる大森宮（なまず神社）である。西郷を領地とする河津興光が、大内義興に従い京都の船岡山の戦いに参加した際に負傷し、池のほとりで意識朦朧となった。そこに大ナマズが現れ、興光を背中に乗せて池を渡り、味方のもとへ運んでくれた。興光はそのナマズが大森宮の神だと感謝し、今後領地西郷二百町でナマズを食べないようにとおふれを出した。以後、西郷ではナマズを神の使いとして大切に祀ってきた。

熊本県の阿蘇地方にはナマズと阿蘇大明神（健磐龍命《たけいわたつのみこと》）とに関わる伝承が各地に伝わっている。そして國造《こくぞう》神社（阿蘇市一の宮町手野）にある**鯰宮**にはナマズが祀られている。ナマズは大蛇やコイ、サンショウウオなどと同じように湖沼や淵の主と考えられ、阿蘇地方以外にもナマズを祀っているところは少なくなく、それぞれに伝承が残されている。佐賀県嬉野市嬉野町下宿乙にある豊玉姫《とよたまひめ》神社の水掛けナマズもその一つである。

なまず塚（熊本県甲佐町津志田）

有蓋石祠が土塚の上に置かれている。石祠の右側面に「明治□三年寅十一月五日　周旋人　池上彦一　芳川一二」と刻されている。明治二十三年（一八九〇）の建立と考えられる。ある時、津志田の美男と山出の美女が恋に落ちたが、山出の青年に追われた津志田の男は淵に身を投げて大きなナマズとなった。その後、ナマズが祟り家畜が多く死んだ。そこで村人は塚を建てて供養した。塚の近くに現在住んでいる老婆の話によると、昨今は見られないが、昔は毎年、山出の人達が旗を立てて塚に参拝したとのことである。阿蘇地方にはナマズにまつわる伝説や伝承が多く残されている。

なまず塚　石祠

鯉塚（大阪府豊中市庄本町、椋橋総社）

コイは古くから食用に供されてきたが、コイのイメージは生命力に富んだ力強い魚であり、鯉の滝登りや端午の節句のこいのぼりに象徴される。

椋橋総社《くらはしそうしゃ》（椋橋神社）の縁起にはコイが登場する。「神代の昔、素戔嗚之尊が高天原からコイに乗って神崎の水門を経てこの地に来られた。このコイはここで力尽きて死んでしまった。それを埋めたのが鯉塚である。」また、村人が伝える伝承には行基菩薩（六六八〜七四九年）が関わる。かつて行基がこの地に留まった時、猪名《いな》川に仮橋を掛けて村人の便に供しようとしたが、流れが速くなかなか成功しなかった。そこで椋橋神社の神に祈ったところ、どこからともなく数多くのコイが集まり、並んで魚橋を作ってくれたので、無事架橋工事を終えることが出来た。以後、行基は村人にコイを獲ったり、食べたりすることを禁じた。そして村人はコイを氏神の使いであるとして食べず、コイを得た場合、境内の鯉池に放し、死んだコイは鯉塚に埋めてきたという。

蟹塚碑

（兵庫県明石市大道町、大道サクラ公園）

公園のフェンスと道路の間の狭い所に蟹塚碑はある。この石碑は近くの池の中の島にあったものであるが、浄水所建設に伴いこの場所に移設された。この碑には弘法大師にまつわる伝承が関係している。平安時代初頭、雑木林に一匹の古狐が住んでいて、カニのお面をかぶって道行く人々を襲っていた。近くの池に棲んでいた大蟹は、キツネの悪行を

蟹塚碑　石柱

知って怒り、キツネと戦った。カニはキツネを負かしたものの勢いづいて人々を襲い始めた。人々がカニに悩まされている話を聞いた弘法大師がカニをなだめ、岩に閉じ込めた。大蟹を封じ込めた岩を「蟹塚」、大蟹が暴れていた坂を「かにがさか（蟹和坂、現在は和坂）」と呼ぶようになったということである。

滋賀県甲賀《こうか》市南土山蟹が坂にも伝説に基づく**蟹塚**がある。昔、鈴鹿の山に大蟹が住み着き、旅人や村人を苦しめていたところ、観音様の命を受けた都の高僧が鈴鹿を訪れて大蟹に向かって経を唱えると、大蟹の甲羅が八つに裂けたという。塚はその甲羅を葬ったものであるといわれている。また、この話には、カニが盗賊であり、高僧が武士である場合

もある。街道名物の「蟹ヶ坂飴《かにがさかあめ》」もこの伝承を由来として伝えられてきた。

白蛇塚

（京都府京都市北区金閣寺町、鹿苑寺）

鎌倉時代の有力公家であった西園《さいおん》寺公経《じきんつね》が京都北山に営んだ別業の遺構である金閣寺の安民沢《あんみんたく》の中之島にある多層石塔を白蛇塚と呼ぶ。池の水が涸れることがないことから、雨乞いの場となり、西園寺家の鎮護となっていた。白蛇は雨を呼ぶとともに幸運をもたらす池の主と考えられた。

ハンザキ大明神

（岡山県真庭市湯原豊栄）

サンショウウオの塚（ハンザキ大明神）が真庭《まにわ》市湯原豊栄《ゆばらとよさか》にある。江戸時代元禄（一六八八〜一七〇四）の頃、湯原を流れる旭川に怪物が出るという噂が立った。怪物は体から異様な光を放つ恐ろしいものだという。怪物の噂を聞いた三井彦四郎という若者は自分がその怪物とやらを退治してやろうと考えた。彦四郎は怪物が出るという旭川の淵のほとりに立った。すると、淵の中に異様な光が走った。彦四郎は裸になると短刀を口にくわえて勢いよく淵に飛び込んだ。彦四郎と怪物の戦いが始まった。いくら彦四郎が強者とはいえ、相手は怪物である。やすやすと退治することはできなかった。しばらくすると彦四郎は弱ってきた。怪物は一気に彦四郎を飲み込んだ。怪物の腹の中に入った彦四郎は最後の力を振り絞って怪物の腹に短刀を突き刺し、ついに怪物を退治することが出来た。怪物の正体は、長さ十㍍、胴回り四㍍の大ハンザキ（サンショウウオ）であった。その晩のこと、彦四郎が寝ていると、家の戸をたたく音がした。「彦四郎、彦四郎」とだれかが悲しそう

ハンザキ大明神　木祠

に呼んでいた。彦四郎がいぶかしげに戸を開けたが、誰もいなかった。こんなことが毎晩続くうちに彦四郎は病気になって死んでしまった。家族もこの地を離れた。村人たちは、彦四郎が死んだのは殺されたハンザキの祟りに違いないと言い合った。そして、小さな祠をつくり、ハンザキを祀ることにした。それがハンザキ大明神の祠である。

　サバはサケやマグロ、イワシやサンマとともに日本人の食卓に上る最も一般的な魚であるが、鯖大師《さばだいし》信仰が古くから広まったので、サバ供養として独立して行われることは少なく、大師信仰と密接に関係して進展して来た。弘法大師を本尊とする鯖大師本坊（徳島県海陽町浅川）の縁起によると、千二百年ほど昔、弘法大師が四国のこの地で修行をしている時、ある朝通り掛かった馬子に積み荷の塩サバを乞われたが、口汚くののしられ、断られた。馬子が馬引坂まできた時、馬が急に苦しみだし、先程の僧が大師様であると気づいた馬子は塩サバを持って行き、詫びて、馬の病気を治してくれるように頼んだ。大師が加持《かじ》水を与えると馬はたちまち元気になった。大師が八坂八浜《やさかやはま》の法生島《ほけじま》で塩サバを加持すると生き返って泳ぎだした。そこで、発心した馬子はこの地に庵を建て人々の救いの霊場とした。サバを三年断って祈念すると願い事がかない、病気が治り、幸福になれるといつしか人々に鯖大師よばれるようになった。このように、各地に鯖大師信仰が広がり、鯖大師像が建立され、サバ供養が行われるようになった。現在も、サバに関連のある業者たちによりサバ供養が行われている。

鯖大師（尾道市因島土庄町、因島公園）

　因島《いんのしま》公園には明治四十五年（一九一二）に建立された高さ五メートルもある鯖大師銅像がある。

鯖大師（福岡県篠栗町篠栗、南蔵院）

　南蔵院《なんぞういん》には一九八二年に鯖大師像が建立され、以来、魚介類の霊を慰めて海の恵みに感謝し、漁業者の安全と大漁を祈願するために毎年「おさかな供養大祭」が福岡市中央卸売場鮮魚市場関連業者により開催され、参拝者に大量の塩サバが授けられる。

タコも神格化されてきた魚類の一つである。日本各地に蛸薬師、蛸観音、蛸阿弥陀などがあり、それぞれに不思議な縁起が伝わっている。

蛸地蔵（大阪府岸和田市南町、天性寺）

天性寺には蛸地蔵が祀られている。蛸地蔵縁起絵巻によると、かつて松浦肥前守が岸和田城主であった時、紀州の根来衆と雑賀衆の連合勢が攻めてきた際、一人の法師がどこからともなく現れ、城を守って大活躍するとともに海から無数のタコの大軍団が襲来して、その法師を助けた。その後、法師は地蔵菩薩の化身であることが分かったという。蛸地蔵像は八月二十三、二十四日の地蔵盆に開帳される。

ウナギ（鰻）　アユ（鮎）
イワナ（岩魚）ニジマス（虹鱒）

〔概説〕建立年が確定している最も古い年代の淡水魚の塚は京都の宇治にある十三重供養塔である。この塔は動物塚の中でも建立年が刻まれているものとしては最古のものであろう。

十三重供養塔（京都府宇治市塔の島）

この塔は高さ十五メートルもある巨大な

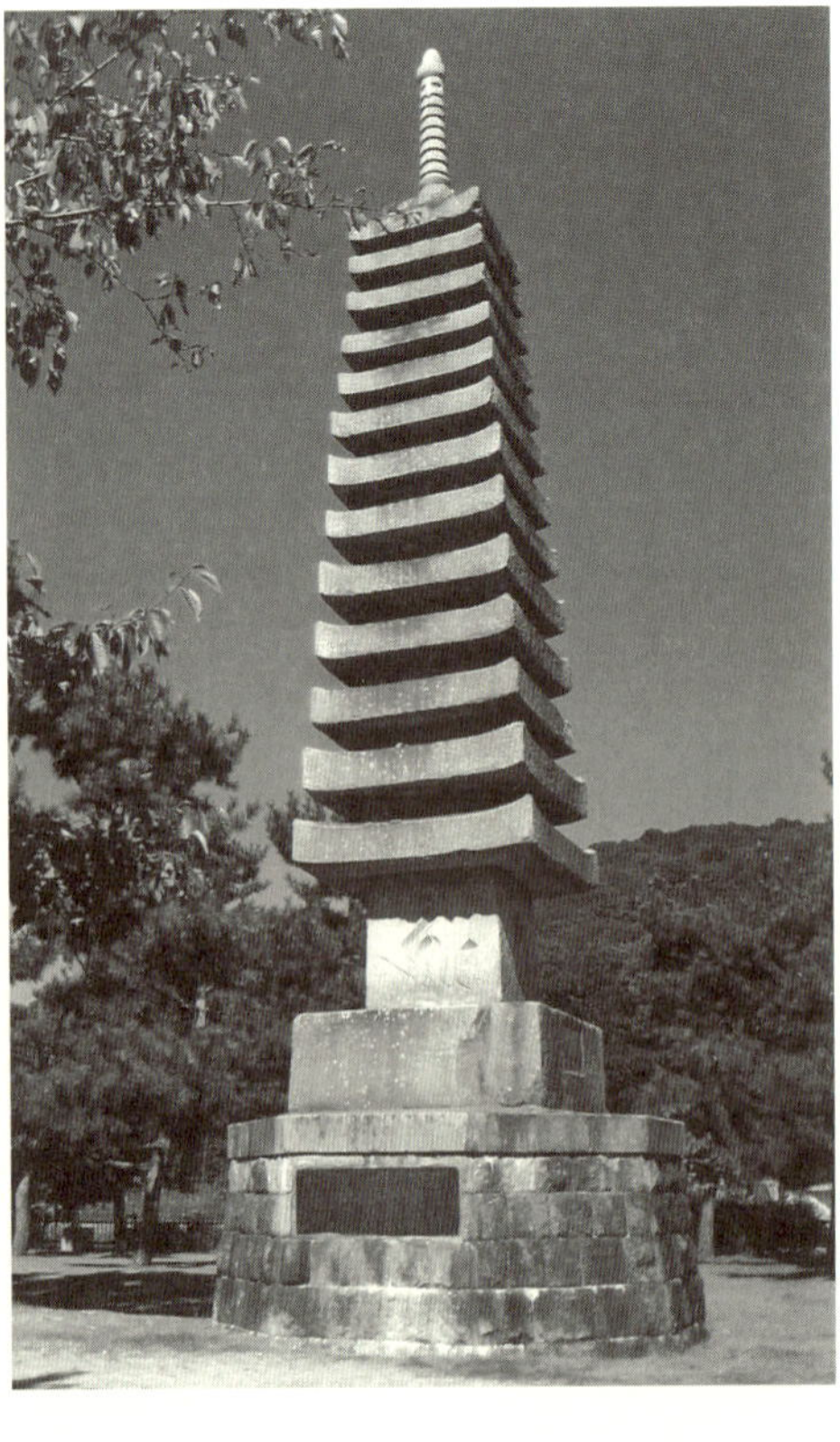

十三重供養塔　十三重石塔

石塔で、宇治川の中州（塔の島）に聳《そび》え立っている。鎌倉時代の弘安九年（一二八六）に奈良西大寺の叡尊により宇治橋修造に伴い建立された。橋の安全祈願と魚霊供養、さらには殺生戒を犯した宇治川漁民の救済が目的であったとされる。殺生禁断の普及に努めた叡尊は橋の修造に際し、漁具を川底に埋めさせ、落慶《らっけい》法要では大放生会を営んで功徳を積ませたという。その後、この塔は洪水、地震で倒壊や損傷を繰り返したが、明治四十一年（一九〇八）に埋もれていた石材をほぼ発掘して復元され、昭和二十八年（一九五三）には国の重要文化財に指定された。叡尊の率いた石工などの技術者は当時の精鋭であった。なお、叡尊は生業を失った漁師たちのために茶の栽培を奨励したといわれる。宇治は茶所として名高い。

淡水魚の塚が多く建立されるようになるのは漁業協同組合、料理商組合、観光協会などが結成されてからになる。

鰻塚（宮城県松島町松島、瑞巌寺）

ウナギの蒲焼や蒸籠《せいろ》蒸しは栄養価が高く、美味で日本人の好きな食べ物である。ウナギ単独の塚が建立されるのは意外と古くないようであり、かつての天然ウナギの名産地松島の瑞巌寺《ずいがんじ》には大正十二年（一九二三）に北海道から東京までにわたる蒲焼店や卸問屋の関係者によって鰻塚が建立された。

鰻供養塔（長野県岡谷市川岸、観光荘）

江戸時代まで藩外不出の諏訪湖ウナギの唯一の簗漁地であった岡谷市川岸にあるウナギ料理店「観光荘」の鰻供養塔は平成十四年（二〇〇二）となる。以下はいずれも養殖ウナギが関係している塚となるが、福岡県柳川《やながわ》市柳城公園にある**うなぎ供養碑**は昭和四十二年（一九六七）の建立で

鰻供養塔　自然石

養殖業者、卸問屋、料理組合などの関係者によって建立されている。

大消費地の東京では、妙行寺（豊島区西巣鴨）に東京うなぎ蒲焼商組合、東京淡水魚組合、浜名湖養魚漁協同組合、焼津鰻出荷組合などによって昭和三十五年（一九六〇）に**うなぎ供養塔**が建立された。

養殖が盛んであった静岡県の浜名湖では、東海三県養魚組合連合会、駿東三川魚商組合、浜名水産会が中心になって全国の関係者からの募金を得て**鰻霊塔**（魚籃観音像）を昭和十二年（一九三七）に浜松市西区舞阪町弁天島に建立した。かくして全国各地にウナギ塚が建立されるようになったが、ドジョウやシジミの塚のように江戸時代に建立されていてもよさそうなものである。

うなぎ供養塔　ブロンズ観音像

清流に生息するアユ、アマゴ、イワナなどは釣り人によって古くから愛好されてきた。しかし、アユ塚が各地の鮎漁が行われるおもな河川に建立されるのは漁協などによるものが多く、古い時代の塚はないようである。

鮎供養之碑（神奈川県小田原市桑原）

一九五八年に酒匂川漁業協同組合により建立された鮎供養之碑である。

小鮎塚（滋賀県米原市醒ヶ井上丹生、醒ヶ井養鱒場）

県立の養鱒場にアユの生態に関する実験の犠牲になったアユの慰霊のために建立（一九四〇年）された小鮎塚がある。

岩魚の顕彰碑（滋賀県東近江市杠葉尾）

杠葉尾《ゆずりお》は鈴鹿山中の愛知川の上流に位置する。この地で材木業を営んでいた池田留雄は趣味の渓流釣りが高じて、イワナの養殖に挑戦し、苦難の末に昭和四十五年（一九七〇）

に安定した養殖に成功した。愛知川支流の須谷川から水を引いて、約千八百平方㍍の棚田を養魚池に改造し商業ベースの養殖場を営んできた。現在、長男の則之が引き継いで、イワナ料理店池田屋、民宿渓流館、渓流釣り場などを営むと共に料理店などに出荷している。則之らにより、イワナに感謝する気持ちも込めて平成十年（一九九八）に碑が建てられた。

岩魚の里顕彰碑　自然石

魚霊供養之塔（宮城県栗原市栗駒耕英南、数又養魚場）

数又一夫は一九六九年にイワナの孵化と稚魚の餌づけに成功した。養殖が安定した一九八一年九月五日にイワナに感謝する気持ちから碑を建立した。

鱒供養塔（静岡県富士宮市猪之頭、県水産技研富士養鱒所）

ニジマスは明治十年（一八七七）に米国から移入された魚である。カリフォルニアからニジマスの卵が移入され、養殖が始まった。当初は湖沼への放流が行われていたが、大正十五年（一九二六）以降は孵化・養殖場においての養殖が行われるようになった。昭和八年（一九三三）に静岡県水産試験場富士養鱒場が開設された。養殖場では孵化、養殖過程で多くの魚が死ぬために、作業員は魚の命と対面せざるをえない。その気持ちから一九九〇年代にニジマス供養塔を建立した。

鱒供養塔　自然石

コイ（鯉）ニシキゴイ（錦鯉）キンギョ（金魚）

鯉観音（長野県佐久市前山、貞祥寺）

新鮮な海産魚類が入手できない内陸部ではコイは貴重な蛋白源として古くから利用されてきた。低温で育った佐久鯉は泥臭さが少なく、身も締っているので、人気があり、佐久地方の名産品となっている。佐久鯉は在来種の野鯉とドイツ鯉の交配による雑種で、佐久市の近郊で養殖されている。長野県佐久市前山の貞祥寺《ていしょうじ》には鯉観音（秘仏）が祀られ、放生池の畔には**魚籃観音石碑**（一九七四年建立）がある。毎年五月四、五の鯉祭りには秘仏が本堂で開帳され、五日には佐久市、養殖業者、料理販売業者などが参加して鯉供養が行われる。

鯉観音　木像

二〇〇五年の中越地震で大きな被害を受けた山古志《やまこし》村（現新潟県長岡市山古志）は闘牛とニシキゴイで有名であるが、ニシキゴイはここが原産地である。江戸時代半ばから棚田に水を引く貯水池を利用して真鯉を飼育してきた。それがある時、突然変異で色つきのコイが生まれ、それが現在のニシキゴイのもとになったといわれる。ニシキゴイは劣性遺伝の突然変異により、黒い色素の欠損が起こり、白や赤の模様を発生したものである。従って、美しい色の親同士を交配させてもニシキゴイは生まれず、先祖返りしてほとんどが真鯉になってしまう。百万匹ほどの稚魚から選別を重ねて数十匹程度の美しい成魚を得ることになる。大部分は選別の過程で殺される。そのため、どの飼育業者も敷地内に**錦鯉供養塔**を立てて慰霊している。

錦鯉供養碑（広島県三原市久井町井原）

井原の錦鯉せり市場には久井町漁業協同組合が一九七九年に建立した

錦鯉供養碑がある。

金魚鑑賞魚鑑観音（奈良県大和郡山市新木町、大和金魚資料館）

キンギョはフナの飼養変種で原種の主なものは中国から一五〇〇年ほど前に輸入されたものであるとされる。大和郡山のキンギョは江戸時代の宝永年間（一七〇四～一一）頃から観賞用として飼育されてきたという。現代では、大和郡山市は愛知県弥富市や東京都江戸川区とともにキンギョの三大産地となっている。

金魚鑑賞魚鑑観音　コンクリート像

大和郡山市新木町にある大和金魚資料館には金魚鑑賞魚鑑観音の白いコンクリート像が立ち、周りには水を張られたキンギョ養殖池が広がっている。像の説明板には「この観音像は多くの人々に愛されて　その心に潤いを与えてくれた金魚や錦鯉をはじめとする愛玩小動物の為　人々の苦しみ悩みなどを救い　現世利益の本尊として吾々身近に信仰されている聖観音菩薩のお姿をモデルに昭和五十六年十月に建立されたものです

お手の上の青い金魚は人間世界に幸せを祈願したものです」とある。石川県羽咋市千路《ちじ》町の千路駅前に**金魚地蔵**石像二体を収めた祠がある。明治末から昭和四十年（一九六五）頃まで続いた金魚行商人による「金魚お講」に使われたもので死んだキンギョの供養をするためのものである。

シジミ（蜆）ミヤイリガイ（宮入貝）

蜆塚（秋田県秋田市寺内蛭根）

淡水に生息する貝類としてなじみ深いものは、食用のシジミ、タニシなどである。シジミは現在も各地で採取されているが、秋田市寺内蛭根には雄物川《おものがわ》で獲れるシジミが古くから食用に供され、そのシジミを供養するための蜆塚がある。弘化三年（一八四六）に蜆売りの講中により建立されたものである。

地蔵堂（滋賀県大津市瀬田、瀬田漁協）

琵琶湖から流れ出している瀬田《せた》川も特産のセタシジミで知られるが、瀬田町漁協の敷地に地蔵堂があり、瀬田川から引き揚げられた地蔵が安置されている。漁協ではシジミなどの供養の気持ちから一九九五年頃から花や水を供えて世話をし、春秋の彼岸には近くの寺の協力を得てシジミ供養を行っている。

地蔵堂　石像

しじみの碑（島根県松江市玉湯町）

松江市にある宍道湖のシジミも有名であるが、ここでも、日本シジミ研究所が二〇〇七年に建立した「しじみの碑」（松江市玉湯町）があったが、流されて今はない。松江漁協は春秋にシジミ供養を行い、豊漁と業の安全を祈願している。しかし、どこの産地でも昔に比較して漁獲量が著しく減少していて、需要に追いつかない所が多い。環境の変化が原因とされる。

宮入貝供養碑（福岡県久留米市宮ノ陣町荒瀬、新宝満川公園）

ミヤイリガイについては山梨県昭和町の犬塚の項で解説したが、日本住血吸虫症の病因である寄生虫（日本住血吸虫）の中間宿主である。この病気の主罹患地域の一つである筑後川流域における病気の予防対策のために撲滅されたミヤイリガイの供養のために新宝満《しんほうまん》川堤防に二〇〇〇年に建立された。碑には「宮入貝供養碑（生息最終確認の地）我々人間社会

宮入貝供養碑　自然石

を守るため筑後川流域で人為的に絶滅に至らされた宮入貝（日本住血吸虫の中間宿主）をここに供養する　平成一二年三月　筑後川流域宮入貝撲滅対策連絡協議会」と記されている。

クジラ（鯨）　イルカ（海豚）
トド（魹）　オットセイ（膃肭臍）
ラッコ（海獺）　アシカ（海驢）

〔概説〕縄文遺跡からクジラの骨が出土するので、古くからクジラ（イルカは口の中に歯のある鯨類の中で、体長が四〜五メートル以下の種を指す俗称）を食糧として利用していたと考えられるが、クジラの塚が数多く建立されるようになるのは近世からである。百数十基が現存しているが、最も古いものは捕鯨基地であった三重県熊野市二木島《にぎしま》に一六七一年に建立された鯨三十三本供養塔である。クジラの塚には、捕鯨のものと寄り鯨のものとの二種類がある。餌である魚を追ったり、シャチに追われたり、暴風雨に打たれたりして湾内に迷い込んだり、浜に打ち上げられたりしたのが寄り鯨で、北海道から九州の沿岸にわたって塚がある。よく知られているのは、東京都品川区東品川、利田神社にある**鯨碑**、三重県海山町白浦にある**腹子持鯨菩提塔**、新潟県佐渡市椎泊の**鯨墓**、愛媛県西伊予市明浜町波ノ手の「鱗王院殿法界全果大居士」と刻まれた**鯨塚**などである。一例を挙げる。

鯨墓（新潟県佐渡市椎泊）

椎泊《しいどまり》の願誓寺《がんせいじ》の西方百㍍の道路脇にある石碑の表には「明治廿一年三月二十五日漂着　釈震聾能度鯨魚　当村講中　建之」と刻まれている。椎泊沖合二〇町（2・2㎞）に漂流していた八間余（14・4ｍ）の雌クジラの供養碑で、子クジラがシャチに襲われて死んだのを悲しんだ親クジラが一晩中、よく泣いたのでこの戒名がつけられた。このクジラの所有権をめぐって椎泊と湊の住民の裁判沙汰になった。このクジラは競売により八十二円で落札された。

鯨墓　自然石

捕鯨地は、宮城県、千葉県、三重県、和歌山県、高知県、山口県、佐賀県、長崎県など太平洋の沿岸を中心に発展し、各地に鯨塚が建立されてきた。良く知られているものとしては、山口県長門市通、清月庵の**鯨胎墓**、長崎県平戸市岩の上町、最教寺の**鯨鯢供養塔**、和歌山県太地町太地、東明寺の**亡鯨衆霊塔**、千葉県鋸南市下佐久間、弁財天の**鯨塚**などがある。一例を挙げる。

鯨胎墓

（山口県青海島通浦、向岸寺清月庵）

捕獲して解体された母クジラの体内から出てきた胎児のために元禄五年（一六九二）に建立された碑には「南無阿弥陀佛」の下に諏訪の四句の偈《げ》といわれる「業尽有情　雖放不生　故宿人天　同證佛果」が刻まれている。碑の後ろには村人が手厚く弔った七十二頭が眠っている。向岸寺には「鯨鯢魚鱗群霊地蔵尊」の銘がある大型の鯨位牌、鯨過去帳（戒名、捕獲場所、種類、体長、値段、年月を記録）もある。現在でも、同寺では一六七九年に始まったという鯨法会が毎年春に行われる。

鯨胎墓　石柱

なお、イルカの塚は伊豆半島に多く建立されている。文政十年（一八二七）に建立の**鯆靈供養塔**（静岡県伊豆稲取町、稲取漁港）など八基が現存している。

鯨塚建立の動機は単純ではなく地域によってかなり異なるが、寄り鯨によって地域が潤ったことへの感謝、殺生による祟りを恐れた鎮魂供養、孕み鯨への憐れみ、業の繁栄祈願などとなっている。鯨塚から読み取れる日本人のクジラに対する思いは複雑で深いといえよう。捕鯨の方式も伝統的な銛《もり》を使った突取式から鯨組による網取式へ、さらに明治以降は捕鯨砲と動力を備えた西洋式捕鯨船を使う船団方式へと発展し、捕獲数も飛躍的に増えた。そして、鯨

鯆霊供養塔　石柱

塚の建立も鯨組や企業によるものが主体となってきた。砲手によって**捕鯨八千頭精霊供養塔**（室戸市元乙、金剛頂寺）なども一九六〇年に建立された。現在は畜産業の発展や鯨資源の保全などの影響から捕鯨は衰退している。鯨塚に関しては系統的な詳しい調査が続けられ、資料もかなり整備されている。吉原友吉『房南捕鯨　附　鯨の墓』（相沢文庫、一九八二年）、進藤直作『瀬戸内海の鯨の研究』（神戸市医師会協同組合、一九七〇年）、『瀬戸内海周辺の鯨塚の研究　附　東日本の鯨塚考』（生田区医師会、一九七〇年）、松崎憲三『現代供養論考―ヒト・モノ・動植物の慰霊』（慶友社、二〇〇四年）参照。

鯨以外の哺乳海獣の塚も数は多くないが点在している。安政五年（一八五八）建立のトドのための**魹供養碑**が岩手県釜石市両石にある。東京都墨田区両国の回向院には国技館一同が一九二六年に建立したオットセイのための**膃肭臍供養塔**がある。ロシアのコマンドル島から来たラッコのための**ラッコ慰霊碑**が豊橋総合動植物園（愛知県豊橋市大岩町）にある。島根県隠岐郡西ノ島町三度の地福寺にはアシカの慰霊碑**登登塚**がある。明治から大正にかけてアシカ猟が盛んであった頃に霊を慰めるために建立された。ニホンアシカはすでに絶滅した可能性が高い。魚介類とともに海獣が慰霊されているケースとして、愛知県美浜町の知多ビーチランドにある**海獣魚貝類慰霊碑**（一九九一年建立）を挙げることが出来る。

海獣魚介類慰霊碑　自然石

サケ（鮭）　マス（鱒）
ニシン（鯡）　イワシ（鰯）
ボラ（鯔）

〔概説〕サケは北東日本を中心に古くから日本人の貴重な栄養源となってきた。福岡県嘉麻市嘉穂にある鮭神社は神護景雲四年（七六九）創建とされるが、現在境内にある**鮭塚**は一七六四年建立のものである。一般に鮭塚には三種ある。両側回遊するサケが母川に回帰するのを捕獲する漁師が感謝と供養のために建立するもの、人工孵化場において生育過程で死滅した鮭の供養のために建立するもの、そして、神にサケを贄《いけにえ》として捧げ祀るものである。鮭神社の場合、サケは神の使いと考えられ、遠賀川にある百以上の堰をサケが無事に遡上してくれれば、その年は豊作であり、このサケを途中で捕えて食べれば災禍に遭遇するといわれ、村の氏子の人々はサケを食べない風習がある。鮭神社の献鮭祭では十二月十三日にサケを鮭塚に葬って、五穀豊穣を祈願する。

鮭供養之碑

（北海道石狩市弁天町、弁天公園）

この鮭供養之碑は一九六八年に石狩町開基三百年記念に際し、石狩町、石狩町観光協会、石狩漁業協同組合、石狩商工会、石狩町飲食店組合により建立されたものであり、町の発展に寄与したサケの恵みに感謝し、益々の発展を祈願するものである。

鮭供養之碑　石塔

鮭追善供養之塚

（秋田県秋田市川尻、稲荷神社）

この碑は一九一八年に雄物《おもの》川の漁師達によって建立されたものである。秋田県にかほ市象潟の川袋《かわぶくろ》川ではサケが千本獲れるごとに**千本供養卒塔婆**を建てる風習がある。さらに、平成十七年（二〇〇五）には組合の四十周年記念事業として**鮭供養碑**を建立した。

山形県遊佐町十里塚でもサケを千本獲れば供養を行う習慣があり、組合の代表者の家に菩提寺の僧侶を呼んで塔婆に経文、年月日を書いてもらい川岸の立て場に立てた。数千本獲れても千本ごとに卒塔婆を立てたが、やがて、捕獲数の増加により千本ごとに立てるのをやめて、昭和五十八年（一九八三）に**鮭供養之塔**を建立し、漁期の終わりに僧侶を招いて供養をするようになった。

新潟県の村上では宝暦十三年（一七六三）に「種川の制度」が確立したことにより、サケの資源管理が始まった。明治になると、各地で人口孵化と放流によるサケ資源の増殖が試みられるようになった。人口孵化場においては採卵に際してサケを撲殺するのみならず、研究や飼育過程で多くの稚魚が死滅するので、作業者はサケの死と絶えず直面する。その精神的負担もあって、供養碑を建立することになる。サケに限らないが、孵化養殖場にはほとんど例外なく供養碑が建立されている。

鮭霊塔

（山形県遊佐町箕輪、箕輪孵化場）

この鮭霊塔は箕輪鮭漁業協同組合が一九七六年に建立したものであり、二月にサケの遡上がおわると、孵化場に僧侶を招いて仏式の供養を行う。青森県南部町名久井の馬淵《まぶち》川さけ・ます増殖共同組合ふ化場には一九九〇年に建立された**鮭鱒供養碑**がある。馬淵川のサケふ化事業は百年の歴史があるが供養碑の建立は新しい。

鮭塚

（神奈川県横浜市磯子区磯子町、金蔵院）

この三㍍以上もある巨塔は昭和三年（一九二八）十一月に横浜塩干商組合創立二十周年記念のために杉田の妙法寺珠簾池畔に建立された。昭和三十三年金蔵院に移転改修された。石塔の左に建立者の名簿、右に移転時に設置された下記の鮭塚由来を記した碑がある。

「魚塚（鮭塚）由来　この題字は当時の横浜市長有吉忠一氏の揮毫によるもので昭和三年塩干同業組合が妙法寺の天中小島に建立し爾来五十年の永きに亘り業界発展の願いを込めて毎年十一月十一日に供養を続けてきた。大戦後は中央市場水産部自治会がこの碑の維持管理に当たって来た（魚介類の御霊に感謝する供養祭）が此の度建立五十周年を期して当海向山金蔵院の境内に移転改修をすることとした。爾今は魚類全般の象徴として

鮭塚　石塔

子々孫々魚介類の供養を行い水産同業者の繁栄を祈願する　昭和三十三年十一月　横浜市中央卸売市場　本場水産部自治会　南部水産部自治会」

鯡供養塔

（北海道茅部郡森町茅部、蛯谷漁港）

ニシンは北海道の特産品で、一世を風靡した時代があったが、今や隔世の感がある。鬼鹿《おにしか》の海辺に花田屋鯡《にしん》番屋というのがあるが、その壮大さはよく往時の隆盛を物語っている。茅部《かやべ》には鯡供養塔があり、北海道指定有形文化財となっている。森町が設置した説明板の説明文を次に示す。

「北海道指定有形文化財
　茅部の鯡供養塔

一、建立　宝暦七年五月（西暦一七五七年）

二、碑文（表面）宝暦七丁斗天　南無阿弥陀仏　五月吉祥日　鯡供養塔
（裏面）漁者　亀田衆中　同断　茅部衆中　同断　函館衆中　同断　村邑衆中　願主函館　佐藤彦左衛門

三、由来　宝暦年間の東蝦夷地茅部場所は、鯡の豊漁地として有名になった。地元茅部漁民の外に、函館・亀田・上磯等より多数の入稼出漁者が来て、沿岸一帯の鯡漁業は大変盛況となり、特に宝暦七年の春鯡は大豊漁で、浜辺は鯡の山を築いた。当時鯡は、乾製食料以外練搾粕の行われない頃であったから、この大漁に当たり、漁業者合議の上土中に埋めて鯡の供養塔を建て、慰霊法要をしたのである。後年なおこの地方は東部鯡の盛漁地として名を成したが、明治以後　次第に漁獲が減少し往時の面影は今ないが、この塔の存在は本道　開拓漁業史上最も重要な鯡のみの供養塔であることから、本道有形　文化財として世上の関心が高まり、昭和五年六月二十二日史跡保存　法により仮指定となり、更に昭和三十八年十二月二十四日北海道有　形文化財の指定を受け、永久保存管理されることとなった。　昭

鯡供養塔　石塔

和三十九年十月一日　管理責任者森町」

愛媛県伊予市双海町の小網部落のはずれの旧道脇に多数の石碑が並んでいるが、その中に明治二十二年（一八八九）から昭和十一年（一九三六）にわたる四基の**イワシ供養碑**が立っている。

漁事供養塔（愛媛県宇和島市北灘）

福浦の明神ヶ浜に立つこの供養塔は下部が埋もれているが、「漁事供養塔　天保十四癸卯十一月十日竹内新右衛門」と刻まれている。

新右衛門は明治から昭和期に福浦のイワシ大網に権利を持っていた竹内家の先祖に当たるので、天保十四年（一八四三）のイワシ大漁の祭に捕れたイワシの供養のためにこの碑を建てたと伝えられている。

鯔塚（秋田県潟上市天王町天王）

金木鼻には六基のボラの塚がある。最も古いものは安政六年（一八五九）に建立されたボラ塚で、他の五基は明治から昭和にわたって建立されたものである。秋田県には潟上市の他にも男鹿市、八郎潟町、五城目町、井川町など男鹿半島を中心にボラ漁の盛んな地域には江戸、明治、大正、昭和を通して鯔供養塚が建立されている。

長崎県島原市有明町大三東にも**鯔供養塔**がある。明治十二年（一八七九）一月二日に大三東の海岸に設置されたスクイ（石干見）に、およそ百四十トンもの大量のボラが迷い込み、地域の人の暮らしは大いに潤った。ボラに感謝して供養塔が建てられた。

マグロ（鮪）　カツオ（鰹）
ブリ（鰤）　サメ（鮫）

〔概説〕山梨県では、正月の荒巻サケとアワビの煮貝、節分のイワシ、初夏のカツオ（なまり節）、真夏の酢イカ、土用のウナギ、秋のサンマ、ハレの日のマグロはどこに住んでも欠かせない。特に、マグロは年中どこの家でも客に出す。海のない山梨であるがマグロの人口当たりの消費量は全国一、二を争う。味も量も種類も問わない。クロマグロでなくてもキハダやメバチで充分である。生のマグロを扱わなければ魚屋はできない。鰻屋でもそば屋でもマグロの刺身が食べられる。少なくとも江戸時代から甲府まで駿河湾の生のマグロが真夏でも運び込まれていたという。これだけマグロの恩恵に与りながら、あまりに当たり前のためなのかマグロ塚を見たことがない。感謝の気持ちはあるのに不思議である。「所変われば」ということであろう。米国に二年ほど住んだときも、マグロやサバをよく食べていたが、とろも赤身も量り売りで、値段に変わりはなかった。

近年、マグロの資源をめぐる問題は国際化し、先鋭化している。特に日本人の好むクロマグロは資源の枯渇が危惧され、科学的データに基づいた管理が必要である。クロマグロの漁獲高は年間約五万トン程度であるが、その八割を日本が消費している。漁獲制限が必須であるが、日本の対応は後手に回っていて、規制の方法が手ぬるい。漁獲枠を提示するが取り締まりがないので、とり得となる。しかし、枯渇の深刻さから業者はマグロの完全養殖を始めている。しかし、稚魚の生存率が低い（3％）、餌がイワシやアジなどの魚粉に依存（共食い）している、安定な養殖生簀の確保（天災防御）などの課題があり、供給量は需要の5％にも満たない。

マグロ塚はマグロ産地と大都市にある。熊野灘沿岸地域はクジラ漁が盛んであったが、マグロ漁でも知られていた。三重県の南伊勢町奈屋《なや》浦、大紀《たいき》町錦浦、紀北《きほく》町の島勝浦と矢口浦、尾鷲《おわせ》市の須賀利《すがり》浦、熊野市の甫保浦などにマグロの碑がある。これらはこの地域の歴史を記録している。奈屋浦では、慶応三年（一八六七）冬にマグロの大群が押し寄せ、三千尾、六千両あまりの収益を得た。その頃、浦人は幕末の社会不安と凶作で上昇した物価により飢餓に追い込まれていたが、このマグロの大漁で貧困から解放された。マグロに感謝し、マグロの群霊の冥福を祈るために照泉寺境内に「支毘大明神」と刻んだ石塔を慶応四年に建てた。明治十三年（一八八〇）にもマグロの大漁に恵まれ、二三〇〇尾、一万八千円を得た村人は再び「支毘大明神」の石塔を明治十三年に建てた。島勝浦では、文政十二年（一八二九）と十三年にマグロ、カツオ、エビ、サンマが豊漁となり、感謝の気持ちから天保二年（一八三一）に法華塔を建てた。さらに、天保三年（一八三二）冬から翌年三月にかけてマグロの大群が押し寄せ、二万尾、二千両の大豊漁に恵まれた浦人は祇水観音堂を建立した。須賀利浦の場合、天保になると不漁が続き、浦人は死活の瀬戸際に追い込まれ、若者たちは別天地への移住を考えたが、長老のすすめで高宮神社と普済寺の神仏に豊漁祈願をした。天保十年（一八三九）の正月からマグロの群れが姿を見せ始め、三千七九五尾を得て困窮から脱することができた。さらに、翌年七月にカツオの大漁、十一月にはマグロの大漁により、三万九百尾、五千二百両の収益を得た。浦人たちはマグロの恩に感謝するために、天保十二年（一八四一）に普済寺に**法華塔**を建立し、盛大にマグロ供養をしたという。

法華塔　石柱

マグロ塚は北海道知内町《しりうち》湧元にも一八九〇年に建立された鮪之塚がある。遠洋漁業になってからのマグロ塚を漁業基地の焼津市、堺港市、青森県大間町の近隣で探してみた。清水市清水区袖師町《そでし》のマグロ販売店・まぐろ庵ゆう（伊比水産直営）に鮪供養碑がある。鳥取県境港市栄町にある共和水産株式会社の本社に創立七十周年記念の二〇一七年三月一九日に建立された魚鱗供養塔はマグロを模した石像である。青森県下北郡大間町大間崎《おおまざき》にはマグロの大きな石像があるが、マグロ塚は見当たらないようである。世界的に知られているマグロ塚は第五福竜丸展示館（東京都江東区夢の島）の庭に仮置きされているマグロ塚である。この塚については別項で触れる。

カツオは「目に青葉　山ほととぎす　初鰹」と山口素堂の句に詠まれているように、季節感のあるいきな魚で、南洋の香りがする。

カツオは縄文の昔から日本人にはなじみの深い魚であるが、回遊魚であり、枕崎から三陸まで太平洋沿岸で漁獲され、各地にカツオ塚がある。

鰹供養塔（鹿児島県枕崎市枕崎）

枕崎港を見下ろす旧蛭子神社跡地に大正五年（一九一六）十二月建立の供養塔である。地元では「カツオを

鰹供養塔　四角錐石塔

一万匹捕ると、人を一人殺したようなもの」と言われ、カツオの大漁と供養の必要性が伺われるが、大漁の時には、特に漁獲の多い船が選ばれて供養を行ったという。

鰹供養碑（高知県中土佐町久礼浜）

平成八年（一九九六）三月、青柳祐介著『土佐の一本釣り』の完結を記念して、中土佐町などにより建立された。鰹のような形をした白い石に「鰹　感謝　供養」と記されている。

他の漁地にもカツオ塚がある。静岡県松崎町岩地、日和山山頂には明治二十九年（一八九六）にカツオ船の船主が建立した**鰹魚万供養碑**がある。東京都中央区佃の住吉神社には東京都鰹節類卸商業協同組合と（株）東京鰹取引所により昭和二十八年（一九五三）五月にカツオへの感謝と供養のために**鰹塚**が建てられている。江戸時代に鰹節製造技術が発達し、大正から昭和初期には鰹節の最盛期を迎えた。しかし、近年はカツオの漁獲量は落ち込み、往時がしのばれる。

〔概説〕ブリも日本人には冬の味覚として親しまれてきた。ブリはいわゆる出世魚と呼ばれ、成長につれて呼び名が異なる。関西では脂ののった寒ブリが正月魚として欠かせない。春から夏にかけて主に日本海を北上し、晩秋から冬にかけて南下する。そのブリの塚も建てられている。ブリ漁の盛んな氷見市宇波の酒井宅に魚藍観音を安置した「永明院五重塔」がある。

永明院五重塔（富山県氷見市宇波、酒井宅）

寒ブリ定置網の網元である酒井水産四代目の酒井光雄が平成十四年（二〇〇二）に自宅に建立した。きっかけは長男で五代目の光家が平成七年（一九九五）に急逝したことであった。酒井家先祖代々の霊と稼業の基となっているブリをはじめとする魚類に感謝し、併せて漁業の発展を祈る象徴として五重塔を建立し、魚籃観音像を安置した。酒井家の屋敷には三代目光一が昭和五十五年（一九八〇）に建立した魚籃観音石像もある。他に、昭和五十三年と五十五年に建立した魚籃観音石像二体があったが、五重塔建立に際し、前者は氷見市泊の真常寺に、後者は石川県七尾市黒崎町東浜（漁場）に移設された。

永明院五重塔　木塔

鰤其の他魚族供養塔

（三重県志摩市志摩町片田）

片田定置漁協が昭和四十三年（一九六八）に建立した供養塔で、ブリとその他魚族への報恩感謝と供養とのために毎年碑前で式典が開かれる。

鰤珠観世音菩薩

（愛媛県宇和島市津島町北灘）

白色の観音菩薩石像の台座に「鰤珠観世音菩薩　昭和五七年四月吉日　北灘漁業組合」と彫られ、養殖魚のブリと養殖真珠の母貝を供養の対象としていることが分かる。

一部の大型のサメやシャチは海のギャングとして恐れられるが、人に食べられるサメの方が多い。いっぽう、魚を追い込んでくれるエビスとして漁師たちに敬われる存在でもある。

奉祭恵部大伸

（宮城県気仙沼市横沼）

大島の小浜にジンベイザメが寄り上がり、村人が食べた残骸をアンバ様の近くに葬り、明治二十九年（一八九六）三月供養碑を建立した。

戎鮫ノ墓

（静岡県沼津市内浦、住本寺）

中乃島水族館が世界初の長時間飼育に成功したジンベイザメの墓で、

昭和十年（一九三五）に建立された。水族館（現、伊豆三津シーパラダイス）が建てたもので、コンクリート製の円筒型の碑の中には遺骨が納められている。昭和九年五月十二日地元の網にかかった全長六～七メートルのジンベイザメを入江の生簀で飼育した。同十二月十一日に死んだが、六か月の飼育は世界初と考えられた。水族館主大村氏と従業員が敷地内に碑を建立したが、水族館改築時に現在地に移設された。昭和六十一年（一九八六）九月には墓に隣接し**海獣魚類之霊供養塔**がシーパラダイスにより建立され、お彼岸に供養祭が行われる。ジンベイザメはカツオやマグロとともに現れることが多いから、エビスザメとも呼ばれる。

戎鮫ノ墓　コンクリート円柱

鱶供養塔
（愛媛県伊予市双海町下灘、下灘漁協）

フカは大型のサメを指す。この塚の碑文には「昭和二十四年の春　一攫千金夢をもち血沸き肉躍る勇猛果敢な先人は銛を持ちて一頭数百貫余の鱶四十数頭を射止め暗き戦後の古里に一すじの光明をなげかけた　ここに当時をしのんで鱶の供養塔を建立して漁業の繁栄と安全を祈願する」と記されている。食用の肝油、乾燥肉がよく売れて数年潤ったという。一時、故里を沸かせたフカ漁をしのび、光明よ再びの思いがあるのだろうか。

北海道幌泉郡えりも町本町の法光寺にも大正十年（一九二一）に建立された**鮫供養塔**がある。明治時代後半から大正時代にかけてフカ漁が栄え、フカヒレを清国に輸出し、塩漬肉は函館方面に出荷した。供養と豊漁祈願のために供養塔を建立した。

フグ（河豚）　クエ　タイ（鯛）

〔概説〕美食の代表とされるフグであるが、「フグは食いたし　命は惜しし」といわれるようにフグは毒性があるためにフグ料理人には特別な知識と技術が必要である。食中毒事故を防ぐために業界では安全で美味しいフグ料理を提供しようと調理法についての研究を行い、統一的審査法を構築している。業界の団結は強く、情報交換にも余念がない。また、供養祭も盛んである。

ふくの像

（山口県下関市中之町、亀山八幡宮）

国内のフグ水揚げ量の八割を誇る下関市の亀山八幡宮には波乗りフグをデザインした「ふくの像」がある。

関門ふく交友会は昭和五年（一九三〇）に下関で初めてのフグ供養祭を行った。以来、紆余曲折はあったが、現在、毎年四月二十九日に南風泊市場でフグ供養祭を行っている。同会は昭和十年に亀山八幡宮にフグの銅像を建てた。しかし、この像は戦時中に金属供出のために昭和十九年（一九四四）に取り壊された。現在の波乗りフグの「ふく像」は、ふく銅像再建推進委員会により平成二年（一九九〇）九月二十九日再建されたものである。

ふくの霊供養之塔　波乗フグ・ブロンズ像

東京都台東区上野公園の弁天堂には昭和四十年（一九六五）九月に東京ふぐ料理連盟により、フグ霊への感謝とフグ料理の安心を祈念した**ふぐ供養碑**（波乗りフグ石像）が建てられている。さらに、横浜市本牧の八聖殿公園にも神奈川県ふぐ協会が昭和四十五年三月二十三日に建てたブロンズ製の**ふぐの碑**がある。また、愛知県南知多町の光明寺《こうみょうじ》には名古屋のフグ料理店カントラが昭和五十六年（一九八一）四月二十九日に建立した波乗りフグ銅像である**ふくの霊供養之塔**があり、京都市東山区高台寺下川原町の霊山《りょうぜん》観音には京都府ふぐ組合が昭和五十七年三月に建てた**ふぐ塚**がある。

クエ供養碑

（和歌山県日高町、西山ピクニック緑地）

関西では冬の味覚としてはカニ料

理とクエ料理が有名であり、旅行社によるツアーも盛んである。クエの像が彫られ、クエ供養碑と記された石碑の裏の碑文を記す。

「九絵（クエ）碑文　スズキ科　ハタ亜科　ハタ属　水深十米～五十米ガマ穴に住　体長一米以上　体重二十～四十kg　クエを食ったらほかの魚はクエん！　クエ祭のある町日高比井崎浦の民宿が冬場の名物料理として、クエ鍋を主体にクエ料理を始め、その美味な味わいが広くしられるようになった。そもそもクエは、阿尾の白鬚神社の祭礼（県無形文化財）にお供え物の一品として奉納されるもので、大魚で美味ではあるが一般に食されることは限られていた。クエ祭ではクエ神輿の奉納で争い　奇祭としてしられるクエの町

クエ供養碑　半肉像石板

クエ料理に食されるクエに感謝と地域振興を祈念して、ここに供養碑を建立した　平成元年九月吉日　日高町旅館民宿組合　日高町商工会　日高町観光協会」

魚霊碑（愛媛県伊方町三机、須賀公園）

マダイはめでたい魚の代表であり、近海の岩場に棲む深海性の魚で、お祝いの宴にはお頭つきで出される。現在は養殖マダイも多く流通している。愛媛県はタイを県の魚に指定しているが、瀬戸内海沿岸はタイ漁の盛んな所であった。伊予灘に面した佐田半島の三机《みつくえ》の魚霊碑は魚供養のため一九七五年に建立されたが、タイを模した石像である。

妙の浦タイ之墓（千葉県鴨川市小湊、誕生寺）

小湊は日蓮上人の生誕地であり、妙の浦のタイは上人の化身とされ、妙の浦は明治三十六年（一九〇三）に禁漁区となり、タイ漁は禁じられた。死んだタイが打ち上げられると、人々は浜で葬式を行うようになった。「妙の浦タイ之墓」は浦で

死んだタイを火葬して埋葬供養する塚で、妙の浦遊覧船協業組合が昭和五十四年（一九七九）に建立したものである。遊覧船の関係者が定期的に墓前でタイの繁栄を祈願し、供養をしているという。

カニ（蟹）　エビ（海老）
タコ（蛸）　イカ（烏賊）

〔概説〕冬の味覚で忘れられないのはカニであろう。ズワイガニの水揚げ日本一の兵庫県但馬にカニ塚がある。城《きの》崎《さき》温泉（兵庫県豊岡市）の大師山《だいしやま》ケーブル山上駅近くにかに塚があるが、城崎観光協会が一九八一年に建立したものである。また、同じ豊岡市の瀬戸にある但馬漁協フィッシャーマンズワーフには大阪のカニ料理店が一九九〇年に建立したおかげさま碑がある。当地出身の大阪の料理店「かに道楽」の創業者が業を支えるカニに感謝するためのものである。

カニ供養五輪塔
（京都府木津川市山城町、蟹満寺）

大阪や京都などのカニ料理店関係者が昭和五十一年（一九七六）に建立したカニ供養五輪塔と観音像がある。塔には「為如是蟹類発菩提心也」と刻まれ、定期的に供養のためのカニ供養放生会が行われている。蟹満寺《かにまんじ》はカニの恩返し譚（『日本霊異記』、『古今著聞集』）を縁起としていることで良く知られている寺である。

大分県臼杵《うすき》市津留にも昭和五十九年（一九八四）建立のカニ塚がある。カニの半肉像が刻まれた台座の上に地蔵菩薩の坐像が置かれている**カニ供養地蔵**である。

エビ塚としては東京都中央区築地の波除神社に東天会てんぷら料理協同組合により昭和四十八年（一九七三）に建立された**海老塚**があ

カニ供養五輪塔　五輪塔

る。山口県宇部市東岐波区丸尾の字部車海老養殖場に**海老供養之塔**がある。昭和六十二（一九八七）の建立である。

蛸供養碑（東京都八王子市高尾山、高尾山薬王院）

タコの供養碑が意外なところにある。高尾山薬王院の参道に樹齢およそ四百五十年の「たこ杉」と呼ばれる杉の大木があるが、その下に蛸供養碑がある。この大杉の根がタコの足に似ていることからの縁である。昭和三十七年（一九六二）に築地の酢ダコ生産会社の山十水産を中心に関連会社が協力して建立した。

魚を町おこしに利用しているところは全国各地にあるが、熊本県天草市有明町もその一つで平成十六年（二〇〇四）から商工会を中心にタコによる町づくりを推進していて、地域振興に大いに貢献しているタコへの感謝供養、豊漁・海難事故防止などの願いを込めて平成十九年に赤御影石の「祈りダコ」像を頂く**タコ供養塔**を建立している。

蛸壺塚（兵庫県明石市人丸町）

松尾芭蕉の七十五回忌にあたる明和五年（一七六八）に門人青蘿《せいら》により建立された。元禄元年、門人の社国《とこく》とともに近畿遊歴の旅の途中に明石を訪れた芭蕉は須磨に宿泊し、明石夜泊と題した「蛸壺やはかなき夢を夏の月」という句を残した。蛸壺塚碑にはこの句が刻まれている。明石タコも古くから知られていた。

日本海沿岸ではイカを干している風景をよく見かけるがイカ単独の塚は少ないようである。新潟県佐渡市両津大川にある**魚靈塔**は漁師がイカを供養するために昭和十二年（一九三七）に建立したものである。横にある真新しい木製の卒塔婆には「為烏賊離苦得楽成三菩提」と書かれていた。福井県小浜市の新小浜港の緑地には大きな自然石に**烏賊供養**

蛸供養碑　石塔

塔と刻まれた塔が立っている。

アコヤガイ　カキ　ハマグリ　アサリ　アワビ　ニシガイ

〔概説〕日本では世界に先駆けて真珠の養殖が始められた。御木本幸吉は明治二十三年（一八九〇）三重県志摩でアコヤガイの養殖を始め、明治二十六年に養殖貝を用いて半円真珠の生出に成功した。これを引継いだ娘婿の西川藤吉らが次々と新技術を発明し、真円真珠の生出に成功した。特許権を得た三種の製法により大正七、八年（一九一八～一九）にそれぞれ実用化された。やがて、英虞《あご》湾の御木本《みきもと》真珠場から各地に技術が移転され、昭和十三年には生産量は一万八八三個の最高値に達した。その後、戦時中の統制経済や戦後の新漁業法施行による漁場拡散などにより生産量の大きな浮き沈みはあったが、最終的には過剰生産による過当競争により、養殖真珠の国内生産は衰退の一途をたどることになった。生産地にはアコヤガイの供養塔などが多数建立されている。志摩半島の志摩《しま》市志摩町布施田《ふせだ》一本松に養殖業者三人が発起人となり昭和十一年（一九三六）に建てられた真珠貝供養の地蔵がある。志摩町和具には和具真珠養殖漁業協同組合有志が平成七年（一九九五）に建立した真珠貝供養碑がある。

真珠貝供養塔（三重県志摩市阿児町神明、賢島円山公園）

碑表には「眞珠貝供養塔　勅賜禅師永平七十一世管長　瓏仙書」、碑裏には「眞円眞珠発明五十周年記念　全国眞珠養殖漁業組合建之　昭和三十二年十月」と刻まれている。

真珠貝供養塔　石塔

真珠供養塔（愛媛県宇和島市津島町下灘嵐）

一九八〇年に下灘《しもなだ》漁協が建立したブロンズ像を頂いた塔である。毎年九月二十日にアコヤガイの供養祭が塔の前で行われる。

真珠観世音菩薩

（愛媛県宇和島市津島町北灘福浦）

白い石像であるが、こちらは竹内覚が生前の父亀太郎の遺志に従い、真珠を取り出す際に死んだ貝の供養のために一九八九年に建立したもので、毎年二月十八日に福浦集落の有志が集まって、真珠だけでなく魚の供養も併せて供養祭を行っている。

向洋牡蠣供養碑

（広島県広島市南区向陽大原町）

カキは広島県や宮城県で養殖されているが、記念碑は見かけるがカキ単独の慰霊碑は少ない。広島では江戸時代の元禄からカキの養殖が行われ、名産として知られる。カキは食品として有名であるが、貝殻はアルカリ性の有機石灰として酸性土壌の中和に利用される。この碑は隣接の**魚貝藻碑**と同時期に向陽《こうよう》漁業協同組合により建立された。碑の表に向陽牡蠣供養碑、碑裏に昭和五十四年二月吉日　広島県知事宮澤弘　牡蠣部世話人　東伊知郎他五名」の銘がある。呉市音戸《おんど》町田原の胡子《えびす》神社にも**魚牡蠣の碑**があるが建立年などは記されていない。

向洋牡蛎供養碑　自然石

蛤墳

（三重県桑名市今中町、専正寺の墓地）

「そうは桑名の焼き蛤」といわれるようにハマグリは桑名の名産である。碑の説明文によると、「文政六年（一八二三）今一色の谷氏が昔このあたりは漁村で付近一帯貝殻がたくさん埋もれているのでハマグリの供養のためにこの碑を正念寺（現専正寺）に建てようとし碑文を桑名の狂歌師黒澤行業（一雲山人）に作ってもらった　あまおふねのりのみ声にはまぐりの貝の耳にもとめてしのばむ　行業は国学者・歌人として有名だった桑名藩士黒澤翁満の父である」。大正期に時雨蛤商の業者により改修、もとは一㍍足らずの碑であったが、昭和五十三年（一九七八）頃に桑名時雨蛤商組合が台座と献花台を寄贈して、現在の姿になった。碑は三段の台座を備えた二㍍以上のものとなっている。碑文は碑の前の献花台に彫られている。昭和四十一年（一九六六）十一月二十二日に桑名市教育委員会指定民俗資料に指定された。

千葉県市原市五井《ごい》の臨海運動公園にも**はまぐりの碑**があるが、この碑については別項でふれる。

蛤墳　自然石

貝之供養塔（大分県臼杵市津留、松ヶ鼻地蔵公園）

アサリの採捕をしていた地元の坂井新平ら七人がアサリへの感謝と供養のために一九八二年に建立した。台座に七人の名が刻まれている。

貝塚（広島県廿日市市下ノ浜）

浜毛保《はまけぼ》漁協がアサリへの感謝と供養のために一九八六年六月に建立した。漁協の横が直売所になっていて、手掘りのアサリが売られている。

飽栄螺海鼠供養塔（大分県臼杵市風成）

大正の初年に沿岸で、アワビ、サザエ、ナマコなどがたくさん獲れ、二十数艘の船が出漁し、臼杵、大分、別府などの都市部に出荷した。その時の漁の関係者が大正六年（一九一七）に供養のために地域の墓地の一角に碑を建てた。碑は大きな自然石であるが、その台座に世話人や総代の名が刻まれている。

貝塚　貝形石板

海ほうづき供養塚

（東京都新宿区袋町、光照寺）

「ほうづき」といえば子どものおもちゃであり、植物のホウヅキの赤い実の中実をくりぬいて口に含んで鳴らすものを想像するが、海ほうづきは巻貝であるニシガイの一種（テングニシ）の卵嚢《らんのう》の中実を抜いて乾燥させて作ったもので笛のように鳴らす。褐色透明で弾力がある。碑の裏に森野喜三郎、たんばや商店、西村多吉が施主となり、昭和十六年七月に建立したことが記されている。発起人として日京の小玉福太郎、枡屋の辻赤太郎など、牛込、四谷、芝、渋谷、本郷、浅草、足立など東京の海ほうづき業者三十八名が名を連ねている。縁日や海辺の駄菓子屋で売られ、子どもの使い捨て玩具として使われたが、元禄年間（一六八八〜一七〇四）の記録によると、遊女が同様に使っていたようである。

海ほうづき供養塚　石塔

サンマ、アジなど

〔概説〕魚類の塚にサンマ、イワシ、アジなどの日本人になじみの近海小型魚の名前をほとんど見かけないのは魚類、魚貝類などとまとめて表記されるためである。魚類の塚は無数にあるが、二、三の例を示す。

魚介類成仏塔

（兵庫県播磨町本荘、本荘中公会堂）

高さ三メートル近い宝篋印《ほうきょういん》塔の胴石や台座には梵語、漢字が刻まれているが、すべてを判読するのは困難である。妙経一字一石納経中、魚類成仏之塔、寛延三庚午卯月吉祥日、施主問屋梅谷などの文字が読み取れる。横の説明板によると、「魚介類供養塔　この宝篋印塔には　魚類成

魚介類成仏塔　宝篋印塔

仏　の四文字がみられ、寛延三年問屋中　とあり寛延三年（一七五〇）に当地の魚問屋（庄屋で問屋の梅谷七衛門清政）が魚類成仏の供養塔を建立したことがわかります。公民館（村の地蔵堂の所）を改築するために地蔵堂を取り壊し、塔を解体してこの位置（公民館の裏）に移転しました。そのとき中から銅板に記した梵字の願文が現れましたが解読せず写真に記録して再び収めたということです。寛延三年といえばその前年に播州一円は百姓一揆によって地方豪農、富商が襲われた年です。当地の魚問屋の財力やその繁栄のほどがしのばれます。　昭和五十七年三月　播磨町教育委員会」となっている。近くに阿《あ》閇《え》漁港がある。

魚鳥供養包丁塚

（静岡県熱海市上宿町、誓欣院）

この碑は熱海割烹調理師会が建立したもので、碑表に「魚鳥供養包丁塚　池田勇人書」碑裏に「昭和三十四年八月吉日建之」と刻まれている。左隣に同会が同日建立した物故者の「供養塔」があり、両碑は対をなしている。同会は睦調理師会と合同でこの寺において物故会員と魚鳥類の慰霊祭を行い、前の糸川に泥《ど》鰌《じょう》を放ってきたが、昭和三十四年（一九五九）に供養塔と魚鳥供養包丁塚を建立し、毎年八月に碑前で先輩を偲び、調理場を支えてくれる魚鳥の霊を慰めている。

魚霊碑

（愛知県新城市新町、櫻淵公園）

碑表には「魚霊碑」、碑裏には「平成五年　豊川上漁業協同組合」とだけ記されている。アユやシラハエなどの漁が行われている。

魚霊碑　自然石

3・開発・災害・戦争などの犠牲動物慰霊碑

真の文明ハ山を荒らさず、
川を荒らさず、
村を破らず、
人を殺さざるべし　（田中正造）

〈開発〉

虫塚（香川県仲多度郡琴平町、金毘羅宮北神苑高灯篭の西方）

開発には光と影がつきものである。画家の大原東野《とうや》が、文政二年（一八一九）に大願を建て丸亀街道の修復を行った。その工事で死んだ虫の霊を供養するために文政十一年（一八二八）冬、自宅に虫塚を建てた。

魚介藻類慰霊碑

（広島県広島市中区江波二本松）

戦後の昭和三十年代から盛んになった大規模な湾岸開発事業によって日本は大きな発展を遂げる。湾岸の埋立自体は古くから日本各地で行われてきたものであるが、戦後の開発は規模が比較にならないほど大きい。広島市の江波山《えばやま》公園にある石製の「魚介藻類慰霊碑」は、昭和十五年（一九四〇）に始まった広島工業港修築事業に関連して建立されたものである。太田川河口の吉島町沖、江波町沖、観音町沖約九万坪を埋め立てる工事は昭和十五年十一月に着工したが、その工事に先立って、九月に魚介藻類の供養法要が本願寺広島別院で行われた。そして、江波山に檜角柱製の「広島工業港関係魚介藻類慰霊塔」が建てられた。工事の安全祈願や生活を支えてきた魚介藻類への感謝、さらには工事に賛同した漁業関係者への感謝のためであろう。その木製の塔に代えて、広島市がこの石製の慰霊碑を昭和四十六年（一九七一）六月十三日に再建したものである。工事が竣工したのは戦後の昭和二十二年である。慰霊碑の表には「廣島工業港　魚介藻類慰霊碑」、裏には「廣島工業港修築ハ萬般ノ準備整フテ着工ノ日（昭和十五年十一月三日）近キニ在リ此ノエタル實ニ百三十萬坪ノ地域ニ及ブ大事業ニシテ地下ニ埋没シ生命ヲ絶ツ魚介藻類其ノ數ヲ知ラズ而モ是等ノ生物ノ多クハ多年魚家ノ人為増殖シテ其ノ生活ヲ支エ来リシモノナレバ此ノ漁場ノ異變ハ直チニ其ノ生活ニ甚大ナル影響ヲ及ボスモノナリ然レドモ國家興亡ノ此ノ秋ニアタリ本工業港完遂ノ一日モ速カランコトヲ待望スル朝野ノ念ニ應ヘ漁業関係者各位ハ萬苦ヲ忍ビ敢然此ノ挙ニ賛同シ協力支援ノ態度ヲ表明サレタ茲ニ魚介藻類ニ回向スルト共ニ漁業関係各位ニ深甚ナル敬意ト感謝ヲ捧グ　昭和十五年九月二十一日魚介藻類慰霊碑法要ニオケル廣島縣知事相川勝六氏ノ式辞ヨリ抜粋」と記されている。

魚介藻類慰霊碑　自然石

魚貝海虫慰霊碑

（大阪府堺市出島西、船待神社御旅所）

大阪堺港建設と大阪府堺港臨海工業地域土地造成事業に伴う埋立により犠牲となった魚貝海虫の慰霊のために昭和三十七年（一九六二）に堺市出島漁業共同組合によって建立された石碑である。碑の左右に同日に建立された延命地蔵菩薩と魚籃観世音菩薩の石像がある。碑裏には出島漁港の長い歴史が謳われた後に、碑の由来の記述が続く。

「…幾多の変遷を経昭和十一年起工の大阪堺港建設と一、二区埋立堺市小波止埋立昭和三十二年以来大阪府堺港臨海工業地域土地造成三、四、五、六、七区の埋立続て泉北海面等の埋立事業により出島漁業史上由緒深い漁場も全く姿を消す工場誘致産業貿易の開発以て大阪府と堺市興隆の為に漁民は犠牲を忍び協力す惟ふに漁民は魚貝海虫を漁りて生計を立て住民之を食して生命を保つ茲

魚貝海虫慰霊碑　石板

に其の魚貝海虫の霊を慰め碑を建立して永代供養とす　昭和三十七年十月吉辰　堺市出島漁業共同組合組合長理事　住留吉謹書」。

はまぐりの碑

（千葉県市原市岩崎、五井海岸、蛤公園）

ハマグリを模したモニュメントの台座に「はまぐりの碑　建立由来」を刻んだプレートが嵌め込まれている。この地が太古より内湾漁場として魚介類の宝庫として、また、近年は海苔の養殖、採取地として、さらに、海水浴や潮干狩りの観光地として賑わってきた歴史が記され、以下のように続く。

「…戦後我が国の目覚ましい経済成長に伴い、本県の政策としてこの地の工業開発が計画実施に移され、昭和三二年より同三七年に亘って漁業補償の交渉が県と漁民との間で続けられ、地区毎に逐次妥結した結果、関係漁民三二八四名は漁業権を放棄することになり、海岸より沖合約四キロメートルに亘る面積二一四二平方メートルは埋め立てられて工場用地に造成される事となり、情緒豊かな往時の海辺は一変して近代産業の用地となり、関係漁民の生活も又大きく転換されることとなりました。現代科学の粋を集めたこの工場群の建物の下には、今尚生きながら葬られた幾千万の成貝稚貝があり、この供養を通じて併せてこの海に生活して来た私達の先祖の霊を慰めんとするものであります。昭和四十四年八月　市原市長　鈴木貞一撰」。

開発により失われた先祖伝来の地を偲び、先祖の霊を慰めるとともに生を絶たれた魚介類を供養して生活を支えてくれたことへの感謝の気持ちを忘れない漁民たちの思いが込められている碑である。

この世は生命あるものたちで成り立っている。この生命たちは有形にも無形にも、すべてつながりあって存在していた。

（石牟礼道子）

〈地震〉

鳥獣供養碑

（東京都台東区浅草、浅草花やしき）

大正十二年（一九二三）九月一日、関東地方を大地震が襲った。そして関東大震災が発生した。この大震災で犠牲になった動物のための鳥獣供養碑が浅草にある。

浅草花やしきは嘉永六年（一八五三）に開設され、明治時代には猛獣や珍鳥が飼育されるようになった。大正十二年にはトラの五つ子が誕生し、昭和六年（一九三一）には日本最初のライオンの赤ちゃんが誕生して評判になった。大震災時には全国有数の動物園として多くの動物が飼育されていたが、花やしきが被災者の避難所になったため、多くの動物を薬殺しなければならなかった。その動物たちのための供養碑が大正十三年（一九二四）九月一日に建立された。

鳥獣供養碑　自然石

ちなみに、この碑が日本の動物園に設置された最初の供養碑である。

阪神淡路大震災動物慰霊碑

（兵庫県西宮市甲陽園目神山町、甲山霊園）

一九九五年一月十七日早朝、阪神淡路大地震が発生し、六千人を超える死者が出た。このとき、多くの動物も犠牲になった。災害時の動物保護や治療は大きな問題となるが、西宮市獣医師会はこの地震で被災したペットを懸命に救護し、犠牲になった動物の慰霊祭を行った。さらに一九九六年一〇月には、同会が中心になり、動物愛護精神の啓発と普及への決意を新たに、大震災で命を落とした動物を含むすべての動物の霊を慰めるために、「慈愛」と刻まれた動物慰霊碑を建立した。その場所には一九五〇年狂犬病予防法制定以来、同会が不幸な生涯を終えた御霊を弔うために設置した「犬魂碑」があったが、それに代えて新設したものである。宝塚動物霊園（兵庫県宝塚市御殿山）も一九九七年にこの大震災で犠牲になったペットたちのために**動物追悼供養菩薩像**を建立している。

動物追悼供養菩薩　ブロンズ像

東日本大震災被災動物の碑

（茨城県土浦市、被災動物シェルター）

平成二十三年（二〇一一）三月十一日に発生した東日本大震災では死者一万五八九四人、行方不明者二五六二人もの犠牲者が出た。動物の犠牲もおびただしい数に上った。NPO法人動物愛護を考える茨城県民ネットワーク（本部：つくば市）は東日本大震災での立ち入り禁止区域内で犠牲になった動物のために二〇一二年に土浦市のシェルター敷地内に慰霊碑を建立した。碑表には「私がささやいた　冷たかったね　あの日の雨は　花がささやいた　さみしかったね　あの日から　人がささやいた　ごめんねわすれないよ　きみたちのこと　この丘から羽ば

たいて　総ての　いのちを見守るほしとなれ」、碑裏の上にはイヌとネコの像が描かれ、下には「今度うまれてくるときは　原発と殺処分機のない時代」と刻まれている。福島県南三陸町細浦の徳性寺《とくしょうじ》には町内でトリミング店を経営していた女性などにより震災で犠牲になったペットや家畜のための**動物慰霊碑**が平成二十四年に建てられ、数十体の御骨が納められている。宮城県獣医師会（仙台市宮城野区安養寺）は平成二十六年九月同会の敷地に東日本大震災で犠牲になったペットやその他の家畜（宮城県内では、犬猫約一万匹、ウシ約五百八十頭、ブタ約二千九百頭）を供養するために**東日本大震災動物慰霊碑**を建立した。碑には「すべての被災動物のために」と刻まれている。また、神奈川県川崎市麻生区王禅《おうぜん》寺にある平和会ペットメモリアルパークにも大震災で犠牲になった動物のために平成二十七年九月に建てられた**東日本大震災被災動物慰霊碑**がある。

　三陸沖では古くから大地震と津波による被害が発生し、記録が残されているが、被災動物の供養碑も残されている。例えば、岩手県宮古市重茂石浜には明治二十九年に発生した津波による犠牲牛馬追善供養のための**海嘯《かいしょう》横死牛馬観世音塔**が大正十二年（一九二三）十一月に建立された。また、明治二十九年（一八九六）五月には同じ地震による犠牲牛馬のための**牛馬供養塔**が宮古市日出島に建てられた。

海嘯横死牛馬観世音塔　自然石

　地震以外の災害で犠牲になった動物のための動物塚も多くの被災地にあるが、そのいくつかを以下に例示する。火災：**百牛塚**（岩手県陸前高田市長部）、台風：**畜魂碑**（長野県飯山市天神堂）、大雪：**鹿供養碑**（岐阜県下呂市上呂）、飢饉：**牛馬塔**（岩手県岩泉町、正徳寺）。しかし、不思議なことに人為的な公害に関係した足尾鉱毒犠牲動物、水俣病動物、さらに、原爆による被爆動物などの慰霊碑は見当たらない。何らかの配慮が働いているのであろう。

〈戦争〉

〔概説〕戦争では、軍用動物が利用されることはよく知られている。軍馬、軍犬、軍鳩はその代表である。また、食料や素材あるいは研究用としても多くの動物が利用された。しかし、それらとは全く異なった戦争犠牲動物がいた。

グアム島の小動物之霊碑

（愛知県名古屋市中川区、千音寺霊園）

アジア・太平洋戦争で二万人が玉砕した激戦地グアム島で、二十七年間にわたり潜伏生活を送った元日本兵の横井庄一さん（五十六歳）は昭和四十七年（一九七二）年に米国・グアム島で発見され、帰国した。羽田空港に降り立った時の第一声は「恥ずかしながら、帰って参りました」であった。帰国後は潜伏生活や帰国後のストレスか、晩年は白内障、ヘルニア、骨粗鬆症に苦しみ、七十歳で胃がんの手術を受け、さらにパーキンソン病にかかり、平成九年（一九九七）八十二歳で心筋梗塞により他界した。この間、自宅に窯を築き、陶芸に打ち込んだり、書を楽しんだりした。帰国後、すぐに結婚し、庄一さんの帰国後の生活を献身的に支えた妻美穂子さんは庄一さんとの約束の遺言を実行に移した。一つは、「自分が生き永らえるために命を奪ったネズミやカエルなどの小動物の墓を作って欲しい」、もう一つは「自宅を記念館にして残して欲しい」だった。五輪塔に「グアム島の小動物之霊」と刻まれた慰霊碑が千音寺霊園に新たに設けられた横井庄一さんの墓の隣に平成十一年（一九九九）十二月に建てられた。そして、平成十八年六月二十四日に横井庄一記念館がオープンした。

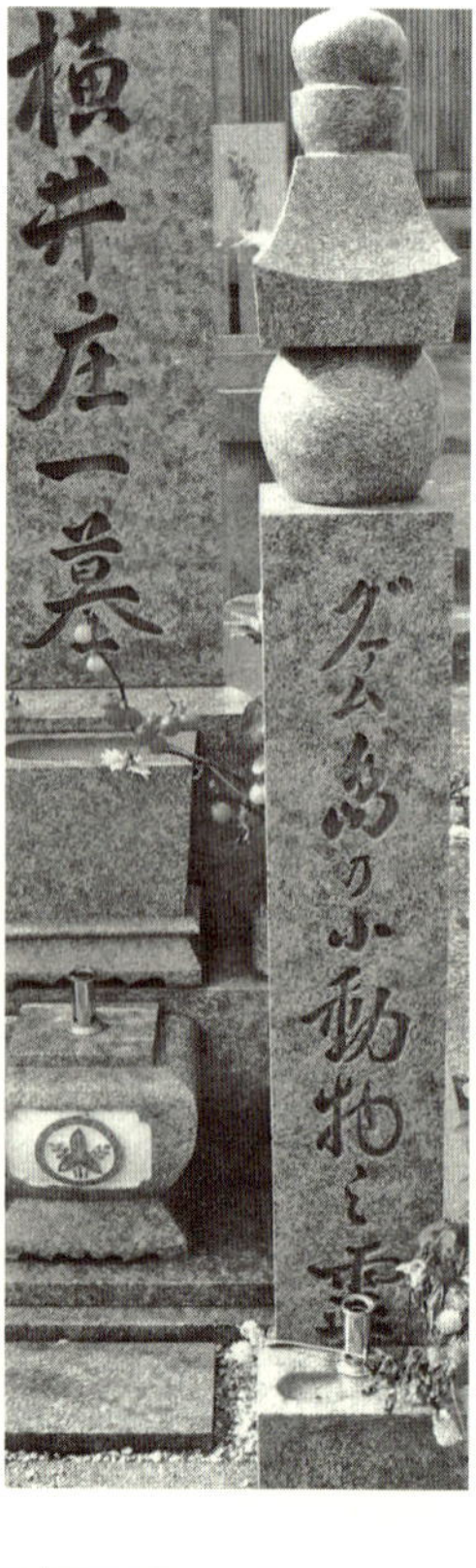

グアム島小動物之霊碑　五輪塔

来恩塚

（岩手県一関市山目字館、円満寺）

太平洋戦争末期、日本全土が空襲を受けるようになった時、食糧難や猛獣の危険性、戦意高揚などの理由から、動物園などの動物を殺処分する命令が出された。昭和十九年（一九四四）、一関で興行していた「黒須曲馬団」にいた四頭のライオン親子の射殺命令が軍から警察を通して出された。市民の戦意高揚のために公衆の面前で射殺するようにとの内容であった。五月六日、市役所近くの広場に集められた市民の見守る中、猟友会により射殺された。その時ライオンは涙を流し、大声を出して泣いたのを市民たちは見たと伝えられている。昭和五十二年（一九七七）五月六日、一関市猟友会によって円満《えんまん》寺に「来恩塚」が建立された。敗戦濃厚な戦争末期には、上野動物園をはじめ、各地の動物園で動物たちが殺処分された。

マグロ塚

（東京都江東区夢の島、都立第五福竜丸展示館）

世界的に知られているマグロ塚は第五福竜丸展示館の庭に仮置きされている。

昭和二十九年（一九五四）三月一日、米国は極秘裏に中部太平洋マーシャル諸島のビキニ環礁で大気圏核実験を行った。それは広島型原爆の一千倍、十五メガトンの水爆実験であった。ビキニ環礁の東一六〇kmの海域でマグロ漁をしていた静岡県焼津港のマグロ漁船第五福竜丸は水爆実験で発生した放射性の下降物「死の灰」を大量に浴びた。焼津港に帰った第五福竜丸から荷揚げされたマグロの一部（約二トン）は、三月十五日に東京築地の中央卸売市場に運ばれたが、放射能汚染していることが判

マグロ塚　自然石

明したため、セリは中断され、他の水産物も値つかずとなった。築地市場を大混乱に陥れた被爆マグロは、場内に埋葬廃棄されることになった。第五福竜丸と同じ海域で操業していた日本漁船八五六艘も被爆し、焼津など五港が検査指定港となり、基準以上の放射能が検出されると廃棄された。この年、全国で捨てられたマグロは四五七トンに及んだ。魚は売れず価格も暴落し、漁業者、市場関係者、鮮魚商、飲食店は大打撃を被った。

　築地市場では、第五福竜丸の元乗組員大石又七さんが中心となって、「マグロ塚を作る会」を結成してマグロを埋めた場所に「マグロ」と刻まれた石碑を建てる予定であった。石碑建立のために一〇円募金が行われ、子どもを中心に約二万二千人から約三百万円が集まったという。大切な海を放射能で汚染してはならないという気持ちが込められたマグロの石碑は、東京都による市場再整備計画のために設置が延期されることになり、そのかわりに、築地市場正門そばの、マグロが埋められた場所に近い外堀に平成十一年（一九九九）八月一日**マグロ塚プレート**が設置された。平和と反核のシンボルであるマグロの石碑は平成十二年（二〇〇〇）四月十四日に第五福竜丸展示館の庭に仮に置かれた。築地に設置される日を待っている。

文明は大仕掛けで山を掘りながら、その他の仕掛けはこれに伴なわぬ…
元が間違っているんだ
（勝海舟）

参考文献

会津高田町史編纂委員会『会津高田町史　第六巻民俗各論編Ⅲ』会津高田町、二〇〇二年

石牟礼道子『魂の秘境から』朝日新聞社出版、二〇一八年

宇都宮市教育委員会『宇都宮のいしぶみ』宇都宮市、一九八一年

江口保暢『動物と人間の歴史』築地書館、二〇〇三年

太田康介『のこされた動物たち―福島第一原発20キロ圏内の記録―』飛鳥新社、二〇一一年

大和田敬子『ムツとわたし』大和田敬子、一九九七年

小佐々学「日本愛犬史」『日本獣医学会誌』No.66、10～18頁　二〇一三年

甲斐望・文、柿田ゆかり・絵『きえない　ヒョウの　つめあと』学習研究社、二〇〇七年

柏田雄三『虫塚紀行』、創森社、二〇一六年

勝海舟『氷川清話』講談社学術文庫、二〇〇〇年

小出隆司・作、箕田源二郎・絵『ぞうれっしゃがやってきた』岩崎書店、一九八三年

小島俊一『いしぶみの岩手』熊谷印刷出版、一九九二年

小島孝夫編『海の民俗文化―漁撈習俗の伝搬に関する実証的研究―』、明石書店、二〇〇五年

小林照幸『死の貝』文藝春秋、一九九八年

小宮輝之『物語　上野動物園の歴史』中央公論新社、二〇一〇年

小森厚『もう一つの上野動物園史』丸善株式会社、一九九七年

斎藤三郎『ライオンの涙』斎藤三郎、二〇〇三年

酒井久美子『漁人を生きた人々―酒井光雄七回忌追悼―』富山新聞社、二〇〇四年

三和町誌編さん委員会編『三和町誌』三和町、一九九四年

滋賀県小学校教育研究会国語部会編『滋賀のむかし話』日本標準、一九七六年

白石市文化財調査報告書第20集『白石市の文化財』白石市文化財愛護友の会、一九七九年

進藤直作『瀬戸内海の鯨の研究』神戸市医師会協同組合、一九六八年

進藤直作『瀬戸内海周辺の鯨塚の研究　附　東日本の鯨塚考』生田区医師会、一九七〇年

台東区史編纂専門委員会編『台東区史　通史編Ⅱ　下巻』東京都台東区、二〇〇二年

田口理恵編著『魚の弔い―供養碑から読み解く人と魚のものがたり―』東海大学出版会、二〇一二年

多田とし子・文、湯村輝彦・絵『こんぴら狗物語　走れゴン』フレーベル館、一九九四年

田中祥太郎『時計のかわりになった猫』廣済堂出版、一九八七年

田中正造『田中正造全集第13巻　日記』、岩波書店、一九七七年

大丸秀士『広島県の動物供養碑—石の生きもの語り—』しおまち書房、二〇一七年
土家由岐雄・文、武部本一郎・絵『かわいそうなぞう』、金の星社、一九七〇年
戸川幸夫『イヌ・ネコ・ネズミ』中央公論社、一九九一年
中村禎里『動物たちの日本史』海鳴社、二〇〇八年
長澤武『動物民俗Ⅰ　ものと人間の文化史124-Ⅰ』、法政大学出版局、二〇〇五年
長野浩典『生類供養と日本人』弦書房、二〇一五年
仁科邦男『犬の伊勢参り』平凡社、二〇一三年
福野町教育委員会『福野町のいしぶみ（南部・西部地区）』福野町、一九九四年
北海道教育委員会『北海道の文化財』北海道新聞社、一九九二年
松崎憲三『現代供養論考—ヒト・モノ・動植物の慰霊—』慶友社、二〇〇四年
馬渕和夫、国東文麿、稲垣泰一校注・訳『新編日本古典文学全集37　今昔物語集3』小学館、二〇〇一年
毛利総七郎、只野淳『仙台マタギ鹿狩りの話』、慶友社、一九九七年
吉原友吉『房南捕鯨　附　鯨の墓』相沢文庫、一九八二年
依田賢太郎、松尾しのぶ「動物実験の倫理に関する調査研究」、『東海大学紀要開発工学部』No.9、265〜274頁、一九九九年
依田賢太郎「動物塚建立の動機にみるヒトと動物の関係」『動物観研究』No.10、9〜16頁、二〇〇六年
依田賢太郎『どうぶつのお墓をなぜつくるか』、社会評論社、二〇〇七年
依田賢太郎「軍用動物慰霊碑にみる人と動物の関係」『動物観研究』No.13、31〜38頁、二〇〇八年
依田賢太郎「動物塚考①動物の墓と慰霊碑」『ＬＡＢＩＯ21』Ｊａｎ.18〜22頁、「動物塚考②動物実験と実験動物慰霊碑」『ＬＡＢＩＯ21』Ａｐｒ.16〜19頁、「動物塚考③食用動物慰霊碑・素材用動物慰霊碑」『ＬＡＢＩＯ21』Ｊｕｌ.14〜17頁、「動物塚考④ペットの墓・軍用動物慰霊碑」『ＬＡＢＩＯ21』Ｏｃｔ.20〜24頁、二〇〇八年
依田賢太郎「外国にある動物の墓・慰霊碑にみる人と動物の関係」『動物観研究』No.18、9〜16頁、二〇一四年

Ⅲ　付録

動物塚の形式としては、土を盛った土塚、五輪塔、宝塔、宝篋印《ほうきょういん》塔、加工石柱、石板、加工度の少ない自然石、金属像・金属プレートなどがあり、動物塚に固有の形式というものは特になく、人間の墓の形式をそのまま踏襲している。

五輪塔の例

早太郎の墓（長野）

土塚の例

白鳥塚（三重）

加工石柱の例

鯆靈供養塔（静岡）

宝篋印塔の例

猿塚（新潟）

宝塔の例

牛塔（滋賀）

金属プレートの例

鮪塚（東京）

自然石の例

鵜塚（岐阜）

石板の例

動物慰霊碑（東京）

建立動機別動物塚一覧

※二〇〇七～二〇一七年にわたり調査した塚。なお、二〇〇六年以前については拙著『どうぶつのお墓をなぜつくるか』（社会評論社、二〇〇七年）に掲載。表中の年代は西暦表示。

動物	塚名	所在地	建立時期	形式
神仏の祭地				
イヌ	老犬神社	秋田県大館市葛原	江戸	社
ツツガムシ	ケダニ地蔵	秋田県横手市大雄藤巻	明治 1906	地蔵像
ネコ	猫地蔵	東京都新宿区西落合、自性院	江戸	猫地蔵像
カメ	亀墓	新潟県佐渡市相川土地、海岸	江戸 1864	自然石
タヌキ	狢財喜坊祠	新潟県佐渡市両津瓜生屋	江戸	社
タヌキ	狢禅達祠	新潟県佐渡市徳和、東光寺	江戸	岩屋
タヌキ	二つ岩大明神祠	新潟県佐渡市相川二つ岩	江戸	石祠

動物	塚名	所在地	建立時期	形式
タヌキ	源助大明神	新潟県佐渡市真野新町、新町大神宮	昭和 1931	石祠
コイ	鯉観音	長野県佐久市前山、貞祥寺	昭和	木像
カメ	奉大龍大神	愛知県南知多町小佐、浄土寺	明治 1909	大石像
カメ	亀翁之墓	愛知県南知多町内海、内海川河口	大正 1914	石柱
カメ	海亀の墓	愛知県南知多町豊浜、正衆寺	昭和 1984	石像
カメ	摩訶龍亀大菩薩之塔	愛知県南知多町豊浜、峠の地蔵	昭和 1988	木像
サバ	鯖大師	愛知県南知多町内海、長山寺弘法堂	明治 1911	石柱
サバ	鯖大師	愛知県南知多町内海、長山寺弘法堂	大正 1922	石柱
ウマ	山桜神社	岐阜県高山市本町	江戸・明暦	馬頭観音像
コイ	鯉塚	京都府京都市中京区、神泉苑	昭和	石板
カメ	亀塚	京都府京都市中京区、神泉苑	昭和	石板

動物	塚名	所在地	建立時期	形式
シカ	鹿塚	奈良県奈良市春日野町、鹿苑	昭和1942	小墳・石柱
カメ	霊亀之墓	兵庫県豊岡市元町、養源寺	江戸1737	自然石柱
カメ	亀塚	兵庫県豊岡市津居山、八幡神社	江戸1812	石柱
カメ	御亀塚	兵庫県南あわじ市阿万西町、阿万漁港	昭和1937	自然石
カメ	大海亀之靈	兵庫県神戸市長田区駒ヶ林町、蛭子神社	昭和1944	自然石
カメ	大亀神社	和歌山県有田市初島浜、民家庭先	明治1875	石祠
カメ	大亀之碑	和歌山県有田市初島浜、戎神社	昭和1976	自然石
ハンザキ	鯢大明神	岡山県真庭市湯原豊栄	江戸・元禄	祠
ウサギ	白兎大明神	鳥取県鳥取市白兎	不明	社
タヌキ	お睦狸祠	徳島県徳島市寺町、妙長寺	江戸・末期	石祠
カメ	三島神社	愛媛県伊予市双海町高岸	奈良・神亀	社

動物	塚名	所在地	建立時期	形式
ナマズ	なまず神社	福岡県福津市上西郷	室町	社
ナマズ	鯰宮	熊本県阿蘇市一の宮町手野、国造神社	不明	木造祠
動物間の愛情を人への教訓として示す				
オシドリ	鴛鴦塚之碑	栃木県宇都宮市一番町、おしどり塚児童公園	明治 1894	自然石
サル	山神宮（孝行猿）	長野県伊那市柏木	江戸	石塔
ツル	鶴の供養碑	広島県神辺町西中条	江戸 1850	石柱
人間に対する忠義への感謝、慰霊				
イヌ	皓の墓	大阪府東大阪市東豊浦町、観成院	江戸 1835	石像・碑文
イヌ	赤の墓	高知県安芸市井ノ口一ノ宮	江戸 1853	石柱・碑文
イヌ	華丸の墓	長崎県大村市古町、本経寺	江戸 1650	石柱・碑文
イヌ	矢間の墓	長崎県雲仙市小浜町札の原	江戸 1787	自然石・半肉像

動物	塚名	所在地	建立時期	形式
イヌ	虎の墓	熊本県熊本市花園、本妙寺雲晴院	明治 1876	自然石
使役動物への感謝、慰霊				
ウマ	馬魂碑	北海道札幌市南区真駒内曙町、真駒内第一公園	明治 1899	石柱
ウマ	馬魂碑	北海道札幌市篠路、篠路神社	昭和 1950	石板
動物	どうぶつ慰霊碑	北海道旭川市東旭川倉沼、旭山動物園	昭和 1976	自然石
イヌ	盲導犬慰霊碑	北海道札幌市南区、北海道盲導犬協会	昭和 1976	石像
ウマ	鎮魂軍馬之碑	北海道本別町仙美里	昭和 1988	自然石
ウマ	ライスシャワーの墓	北海道登別市上鷲別町、ユートピア牧場	昭和 1995	石板
ウマ	奉造馬頭観世尊	青森県三戸町川守田下比良	江戸 1743	自然石
牛馬	牛馬供養塔	岩手県宮古市田老越田	江戸 1864	石柱
ウマ	馬魂碑	岩手県遠野市松崎町白岩、遠野八幡宮	大正 1921	自然石

動物	塚名	所在地	建立時期	形式
ウマ	満州事変軍馬戦没之碑	宮城県仙台市青葉区川内追廻	昭和1933	石塔
動物	軍馬軍用動物彰忠塔	宮城県仙台市青葉区川内追廻	昭和1940	石塔
イヌ	シロの供養碑	福島県須賀川市、十念寺	江戸・寛政	石像
ウマ	弔魂之碑	福島県西郷村小田倉上上野原	明治1909	自然石
ウマ	馬弔魂碑	福島県西郷村鶴生追原	明治1910	自然石
ウマ	馬魂碑	福島県西郷村真船芝原	大正1918	自然石
ウマ	馬魂碑	福島県西郷村小田倉上野原	昭和1931	自然石
ウマ	馬魂碑	福島県西郷村小田倉上野原、家畜改良センタ	昭和1945	自然石
ウマ	畜魂碑	福島県西郷村小田倉上野原、家畜改良センタ	昭和1940	自然石
イタチ	いたち供養碑	栃木県日光市小倉山、日光有益獣増殖所跡	昭和1980頃	石柱
イヌ	伊勢参り犬塚跡碑	群馬県長野原町大津	平成1993	石像

動物	塚名	所在地	建立時期	形式
ウマ	軍馬慰霊碑	埼玉県鴻巣市滝馬室、常勝寺	昭和 1989	鉄像
ウマ	馬魂碑	埼玉県入間郡越生町、大観山山頂	昭和 1972	半肉石像
ウマ	徴発馬匹記念碑	千葉県市川市大野町殿台、庚申堂	明治 1895	石柱
ウマ	徴発馬匹記念碑	千葉県市川市大野町迎米	明治 1897	石柱
ウマ	徴発馬匹記念碑	千葉県市川市大野町迎米	明治 1906	石柱
ウマ	徴発馬匹記念碑	千葉県市川市大野町殿台、庚申堂	明治 1906	石柱
ウマ	徴発馬匹記念碑	千葉県市川市大町、日枝神社	明治 1906	石柱
ウマ	軍馬忠魂碑	千葉県習志野市大久保、八幡公園	昭和 1940	自然石
ウマ	馬頭観世音（軍馬）	千葉県習志野市大久保、八幡公園	昭和 1931	自然石
ウマ	軍馬慰霊碑	千葉県柏市若柴、長覚寺	昭和 1959	石板
タカ	瘞鶺碑	東京都文京区後楽、後楽園	江戸 1819	自然石

動物	塚名	所在地	建立時期	形式
イヌ	盲導犬慰霊碑	東京都府中市浅間町、多摩犬猫霊園	平成2001	石板
動物	園内動物慰霊之碑	東京都武蔵野市御殿山、井の頭自然文化園	昭和	石柱
ウマ	戦没馬慰霊碑	東京都千代田区九段北、靖国神社	昭和1958	ブロンズ像
イヌ	警視庁警察犬慰霊碑	東京都板橋区船渡、東京家畜博愛院	昭和1968	自然石塔
ハト	鳩魂塔	東京都千代田区九段北、靖国神社	昭和1982	ブロンズ像
ウマ	軍馬慰霊碑	東京都世田谷区代沢	平成1990	石像
イヌ	軍犬慰霊碑	東京都千代田区九段北、靖国神社	平成1992	ブロンズ像
コイ	鯉塚	東京都品川区豊町、戸越公園	平成2006	自然石
ウマ	ベンジャミン号追悼碑	神奈川県横浜市西区宮崎町、萬徳寺	平成1996	半肉馬頭石像
イヌ	伊勢参り犬の墓	山梨県上野原市上野原、神明社	江戸1862	自然石
牛馬	牛馬頭観世音	山梨県甲府市大津町、慈恩寺	昭和1955	自然石

動物	塚名	所在地	建立時期	形式
ウマ	征清軍戦役馬馬頭尊	長野県波田町上波田淡路、道路際	明治 1895	自然石
ウマ	征清軍馬之碑	長野県塩尻市洗馬芦ノ田、心念堂	明治 1897	自然石
ウマ	日露戦役従軍馬頭観音	長野県波田町上波田淡路	明治 1904	自然石
ウマ	征露戦死軍馬碑	長野県塩尻市洗馬芦ノ田、心念堂	明治 1904	自然石
ウマ	愛馬山科之碑	長野県茅野市菊沢	昭和 1936	自然石
ウマ	軍馬徴発久金號碑	長野県上松町才児	昭和 1937	半肉馬頭石像
ウマ	愛馬出征記念碑	長野県富士見町小六	昭和 1937	自然石
ウマ	出征愛馬之碑	長野県上松町、駒ケ岳神社里宮	昭和 1938	自然石
ウマ	軍馬忠魂碑	長野県塩尻市洗馬芦ノ田、招魂殿	昭和 1938	自然石
ウマ	戦没軍馬慰霊塔	長野県須坂市墨坂南屋部、道路際	昭和 1938	石柱
ウマ	愛馬出征碑	長野県原村柳沢、御手洗神社	昭和 1939	石板

動物	塚名	所在地	建立時期	形式
ウマ	軍馬忠靈塔	長野県松本市島内、大宮神社	昭和 1939	自然石
ウマ	軍馬栗池號之碑	長野県富士見町乙事	昭和 1940	石柱
ウマ	軍馬三忠號碑	長野県佐久市中込大塚	昭和 1940	自然石
ウマ	出征軍馬碑	長野県原村八ッ手、道祖神場	昭和 1942	自然石
ウマ	愛馬春助號碑	長野県原村中新田庚申森	昭和 1961	円形石板
フナ	へら鮒供養碑	長野県塩尻市塩尻町、みどり湖	昭和 1966	自然石
ウマ	嗚呼未帰還軍馬招魂碑	長野県木曾町、徳音寺	平成 1991	石柱
ウマ	日支事変戦没軍馬慰霊碑	新潟県糸魚川市水保、水保観音	昭和 1938	半肉馬頭石像
イヌ	盲導犬慰霊之碑	富山市水橋新堀	昭和 1970	石柱
キンギョ	金魚地蔵	石川県羽咋市千路町、駅前	明治 1870	石像
ウマ	愛馬追悼碑	静岡県静岡市羽鳥、洞慶院	大正 1925	石板

動物	塚名	所在地	建立時期	形式
ウシ	牛魂碑	静岡県静岡市羽鳥、洞慶院	昭和1941	石板
牛馬	牛馬供養塔	静岡県函南町間宮、清水寺	昭和1939	自然石
ウマ	軍馬慰霊之碑	静岡県三島市徳倉、末広山公園	昭和1937	石塔
サメ	戎鮫ノ塚	静岡県沼津市内浦長浜、住本寺	昭和1934	コンクリ・円柱
動物	動物霊之碑	静岡県三島市一番町、楽寿園	平成1991	自然石板
イヌ	慰霊碑	静岡県富士宮市人穴、日本盲導犬総合センター	平成2006	石オブジェ
海獣魚介	海獣魚介類慰霊塔	愛知県美浜町奥田、知多ビーチランド	平成1991	自然石柱
ウマ・イヌ	軍馬軍犬之碑	三重県津市久居野村町	昭和1942	石柱
イヌ	盲導犬顕彰慰霊碑	京都府亀岡市曽我部町、関西盲導犬協会	平成1991	ブロンズ像
カナリア	鳥塚	京都市北区紫野大徳寺町、大光院	昭和1955	自然石
スズムシ	鈴虫万蟲塔	京都府京都市西京区松室地屋町、華厳寺	昭和1962	自然石

動物	塚名	所在地	建立時期	形式
動物	獣魂碑	大阪府大阪市港区築港、天保山公園	昭和1942	自然石
動物	動物慰霊碑	大阪府大阪市天王寺区、天王寺動物園	昭和1957	石碑・銅版
淡水魚	淡水魚供養塔	大阪府大阪市天王寺区逢坂、一心寺	昭和1967	自然石
ウマ	愛馬供養塔	兵庫県神戸市中央区神仙寺通、妙光院	昭和1937	自然石塔
動物	動物慰霊碑	神戸市灘区王子町、市立王子動物園	昭和1974	自然石・銅板
キンギョ	金魚観賞魚鑑観音	奈良県大和郡山市新木町、郡山金魚資料館	昭和1981	コンクリ像
鳥獣	鳥獣供養碑	岡山県岡山市後楽園、後楽園	昭和1960	扇形石板
ウマ	陣歿軍人軍馬追悼之碑	広島県広島市東区二葉の里	大正1920	石板
ウマ	馬碑	広島県広島市中区基町	昭和1928	自然石
ウマ	軍馬之碑	広島県広島市中区基町	昭和1933	自然石
ヒツジ	羊魂碑	広島県江田島市江田島町小用	昭和1955	自然石

犠牲動物への慰霊、哀悼、感謝

動物	塚名	所在地	建立時期	形式
ニシキゴイ	錦鯉供養碑	広島県三原市久井町坂井原、錦鯉せり市場	昭和1979	石柱
ウ	鵜の塚	山口県岩国市横山、紅葉谷公園	昭和1961	自然石
ウマ	軍馬忠魂碑	香川県善通寺市文京町、乃木神社	昭和1930	石塔
動物	軍馬犬鳩家畜慰霊塔	愛媛県松山市北斎院町、旧丸山陸軍墓地入口	昭和1944	自然石
ウマ	軍馬碑	福岡県北九州市門司区清見、正連寺	明治1896	自然石
ウマ	日支事変殉難軍馬之碑	福岡県北九州市門司区清見、正連寺	昭和1934	自然石
ハト	伝書鳩慰霊塔	福岡県宮若市本城、宮若文化村・かっぱの里	昭和1962	ブロンズ像
動物	動物慰霊碑	熊本県熊本市南区健軍、熊本市動植物園	昭和1977	石板
カイコ	蚕霊供養塔	大分県臼杵市佐志生	大正1926	石塔
スイギュウ	水牛之碑	沖縄県八重山郡竹富町由布島	平成2001	陶板

動物	塚名	所在地	建立時期	形式
イヌ	樺太犬供養塔	北海道稚内市、稚内公園	昭和1961	三角錐石塔
バッタ	バッタ塚	北海道上川郡新得町新内	明治1885頃	土塚
バッタ	バッタ塚	北海道札幌市手稲区手稲山口	明治1883	石板
動物	畜魂碑	北海道札幌市、北大獣医学部	昭和1948	自然石
牛馬	牛馬供養塔	岩手県宮古市日出島	明治1896	自然石
カイコ	蠶供養塔	岩手県西磐井郡平泉町大沢、毛越寺	大正1916	石柱
牛馬	海嘯横死牛馬観世音塔	岩手県宮古市重茂半島石浜	大正1923	自然石
ウシ	百牛塚	岩手県陸前高田市気仙町長部	昭和1987	自然石
ライオン	来恩塚	岩手県一関市山目字舘、円満寺	昭和1977	石板
動物	東日本大震災動物慰霊碑	宮城県仙台市宮城野区安養寺	平成2014	自然石
ウサギ	養兎慰霊碑	福島県郡山市麓山、麓山公園	昭和1938	石塔

動物	塚名	所在地	建立時期	形式
サギ	鷺魂碑	福島県会津美里町、伊佐須美神社	昭和 1976	石板
動物	動物慰霊碑	福島県南三陸町細浦、徳性寺	平成 2012	自然石
ウシ・ブタ	口蹄疫慰霊碑	福島県西郷村、家畜改良センター	平成 2010	自然石
動物	東日本大震災被災動物の碑	茨城県土浦市、被災動物シェルター	平成 2012	石板
ネズミ	鼠供養塔	群馬県高崎市倉賀野西町、安楽寺	江戸 1791	有蓋石塔
カイコ	蚕影碑	群馬県高崎市箕郷町柏木沢	明治 1897	自然石
ウマ	馬頭観音	群馬県高崎市倉賀野下町	大正	半肉石像
カイコ	蚕影山碑	群馬県みなかみ町猿ヶ京温泉、神明神社	昭和 1927	自然石
カワウソ	祭獺供養碑	千葉県柏市箕輪間の坂	江戸 1817	石柱
動物	動物慰霊之塔	千葉県習志野市泉町、習志野の森	昭和 1940	石塔
ハマグリ	はまぐりの碑	千葉県市原市、五井海岸蛤公園	昭和 1969	石像

動物	塚名	所在地	建立時期	形式
ツル	鶴墳	東京都大田区山王、円能寺	明治 1902	自然石
ウシ	疫牛供養塔	東京都豊島区南大塚、東福寺	明治 1910	自然石
コイ	鯉塚	東京都中野区沼袋、明治寺	明治 1884	魚籃観音
動物	家畜群霊塔	東京都港区白金台、東大医科学研究所	大正 1914	自然石
鳥獣	鳥獣供養碑	東京都台東区浅草、浅草はなやしき	大正 1924	自然石
動物	実験動物慰霊碑	東京都新宿区信濃町、慶應義塾大学医学部	昭和 1975	自然石
動物	実験動物碑	東京都府中市幸町、東京農工大農学部	昭和 1981	線刻石像
ニシガイ	海ほうづき供養塚	東京都新宿区袋町、光照寺	昭和 1941	石塔
ヤギ	野山羊供養塔	東京都小笠原村父島、農業センター	昭和 1976頃	石塔
マグロ	マグロ塚	東京都江東区夢の島、第五福竜丸展示館	平成 2004	自然石
カイコ	蚕霊供養塔	神奈川県横浜市泉区上飯田町、三柱神社	明治 1896	石柱

動物	塚名	所在地	建立時期	形式
動物	動物慰霊碑	神奈川県川崎市多摩区東三田、明大生田	昭和1943	石塔
動物	実験動物の慰霊碑	神奈川県横浜市緑区長津田、東工大	平成1997	自然石
動物	犬塚（実験動物）	山梨県中巨摩郡昭和町西条新田、正覚寺	大正1923	石祠
イヌ	動物慰霊碑	山梨県甲府市乙黒、県動物愛護指導センター	昭和1970	石板
カエル	蛙塚	長野県木曾町日義、徳音寺	昭和1983	自然石
カイコ	蚕霊供養塔	長野県岡谷市本町、照光寺	昭和1934	木塔
ウサギ	軍兎アンゴラ供養碑	長野県駒ヶ根市馬福岡、馬見塚公園	昭和1942	自然石
ヤギ	山羊王尊碑	長野県佐久市猿久保、駒場公園	昭和1956	石塔
野生鳥獣	鳥獣供養塔	長野県岡谷市本町、照光寺	昭和1967	石像
ウンカ	蝗塚	富山県南砺市上野、神明社	昭和1940	石柱
ジンベイザメ	戎鮫ノ墓	静岡県沼津市内浦、住本寺	昭和1935	コンクリ円柱

動物	塚名	所在地	建立時期	形式
ニジマス	鱒供養塔	静岡県富士宮市猪之頭、県水産技研富士養鱒所	平成1990頃	自然石
ペット	動物慰霊碑	愛知県豊田市穂積町、県動物保護管理センター	昭和1987	石板
ペット	動物慰霊碑	愛知県名古屋市千種区、市動物愛護センター	昭和1954	自然石
動物	動物慰霊碑	愛知県名古屋市瑞穂区、名古屋市立大学医学部	昭和1988	石板
アコヤガイ	真珠貝供養塔	三重県志摩市賢島、円山公園	昭和1957	自然石
ペット	動物の碑	滋賀県湖南市岩根、県動物保護管理センター	昭和1962	自然石
虫	虫塚	滋賀県大津市瀬田、雲住寺	平成2008	石円板
動物	実験動物慰霊	京都府京都市山科区、京都薬科大学	昭和1973	石板
魚貝海虫	魚貝海虫慰霊碑	大阪府堺市出島、船待神社御旅所	昭和1962	石板
ペット	獣魂碑	大阪府大阪市大正区南恩加島	昭和1961	自然石柱
タヌキ	狸塚	兵庫県相生市の能下	平成1991	陶像

動物	塚名	所在地	建立時期	形式
動物	動物慰霊碑	兵庫県西宮市甲陽園目神山町、甲山霊園	平成 1996	自然石
ペット	動物追悼供養菩薩	兵庫県宝塚市御殿山、宝塚動物霊園	平成 1997	ブロンズ像
ゴキブリ	護鬼佛理天	奈良県上北山村白川、林泉寺	平成 2001	ゴキブリ像
動物	動物慰霊碑	奈良県奈良市、奈良女子大学	平成 2010	石柱
動物	実験動物の碑	和歌山県紀ノ川市西野山、華岡家墓地	江戸	石板
動物	動物供養塔	和歌山県高野町高野、高野山奥の院	昭和 1967	ブロンズ仏像
シロアリ	しろあり供養塔	和歌山県高野町高野、高野山奥の院	昭和 1971	自然石
ウシ	牝牛生體解剖供養塔	広島県神石高原町井関	明治 1893	石柱
動物	底栗車之塔	広島県呉市青山町、呉医療センター	昭和 1934	自然石
魚介藻	魚介藻類慰霊碑	広島県広島市中区江波、江波山公園	昭和 1938	自然石
動物	畜魂碑	東広島市鏡山、広島大学（西条）	平成 1996	石像

動物	塚名	所在地	建立時期	形式
動物	実験動物慰霊碑	広島県広島市南区霞、広島大学	平成 2000	石板
虫	虫塚	香川県多度郡琴平町、金比羅宮北神苑の西方	江戸 1826	石柱
動物	仁畜碑	香川県さぬき市寒川町石田東、石田高校	昭和 1957	自然石
アコヤガイ	真珠貝供養塔	愛媛県宇和島市津島町嵐	昭和 1980	ブロンズ像
アコヤガイ	鰤珠観世音菩薩	愛媛県宇和島市津島町北灘福浦	平成 1982	石像
アコヤガイ	真珠観世音菩薩	愛媛県宇和島市津島町北灘福浦	平成 1989	石像
メジロ	小鳥塚	福岡県飯塚市上三緒小鳥塚	昭和 1981	石像
宮入貝	宮入貝供養碑	福岡県久留米市宮ノ陣町、新宝満川公園	平成 2000	自然石
害虫	虫供養塔	佐賀県佐賀市嘉瀬町扇町	江戸 1685	石板
動物	畜魂碑	熊本県南阿蘇村河陽、東海大学農学部	昭和 1984	半肉馬頭石像
イナゴ他	螽蝗衆虫供養塔	大分県佐伯市弥生町大坂本	江戸 1750	石柱

動物	塚名	所在地	建立時期	形式
ウシ・ブタ	畜魂慰霊碑	宮崎県川南町、運動公園ふれあい広場	平成 2010	六角オベリスク
ウシ・ブタ	畜魂碑	宮崎県新富町新田、町営牧場	平成 2010	オベリスク
ウシ・ブタ	畜魂碑	宮崎県高鍋町上江	平成 2010	自然石
食用動物への感謝、慰霊				
動物	山海漁猟供養塔	北海道二海郡八雲町熊石、法蔵寺	江戸 1721	石柱
ニシン	鯡供養塔	北海道茅部郡森町茅部	江戸 1757	石塔
ウマ	入江馬頭観世音碑	北海道虻田郡虻田町入江	江戸 1805	石柱
マグロ	鮪之塚	北海道知内町涌元	明治 1890	自然石
サケ	鮭供養之碑	北海道石狩市弁天町、弁天公園	昭和 1968	石塔
サケ	鮭之碑	北海道上磯町茂辺地、矢不来天満宮	昭和 1981	石板
動物	魚獣禽鳥一切万霊報恩塔	北海道苫小牧市松風町、照念寺	昭和 1934	石柱

動物	塚名	所在地	建立時期	形式
イルカ	いるか供養塔	岩手県大槌町安渡	平成 1990	自然石
シカ	鹿千供養塚	宮城県白石市八幡暗木ノ峰	江戸 1650	自然石
シカ	鹿二千供養塚	宮城県白石市福岡深谷三住	江戸 1650	自然石
ヘビトンボ	孫太郎虫供養碑	宮城県白石市斎川館山	大正 1919	石塔
ウナギ	鰻塚	宮城県松島町松島、瑞巌寺	大正 1923	自然石
イワナ	魚霊供養之塔	宮城県栗原市栗駒耕英南、数又養魚場	昭和 1981	自然石
イワシ	鰯塚	秋田県能代市向能代下浜	江戸 1718	五輪塔
シジミ	蜆塚	秋田県秋田市寺内蛭根	江戸 1846	自然石
ニワトリ	鶏卵塚	秋田県秋田市寺内蛭根	江戸 1846	自然石
ドジョウ	南無阿弥陀仏碑	秋田県五城目町、大福寺	江戸 1857	自然石
ボラ	鯔塚	秋田県潟上市天王町天王	江戸 1859	自然石

動物	塚名	所在地	建立時期	形式
ハタハタ	鰰大漁供養塔	秋田市船越海岸	明治 1963	自然石
ワカサギ	若鷺供養塚	秋田県男鹿市船越、八龍神社	大正 1912	自然石
サケ	鮭追善供養之碑	秋田県秋田市川尻、稲荷神社	大正 1918	自然石
マス	鱒供養碑	秋田県秋田市川尻、稲荷神社	大正 1920	石板
ヤツメ	萬魚供養塚	秋田市寺内神屋敷、西来院	大正 1921	石板
サケ	鮭供養碑	秋田県にかほ市象潟町川袋	平成 2005	自然石
クマ	千疋供養塔	山形県上山市古屋敷	明治 1872	自然石
ブタ	豚観世音	山形県山形市八日町、誓願寺	昭和 1976	自然石
サケ	鮭霊塔	山形県飽海郡遊佐町、箕輪ふ化場	昭和 1976	石塔
鳥猪鹿	鳥類猪鹿千丸供養碑	福島県いわき市内郷高野町椚台	江戸 1802	自然石
ニワトリ	禽霊碑	福島県西郷村小田倉上野原、家畜改良センター	昭和 1934	石板

動物	塚名	所在地	建立時期	形式
クマ	熊供養塔	福島県西郷村、雪割橋北詰	昭和1971	自然石
サケ	鮭供養塔	福島県浪江町北幾世橋、泉田川漁協	昭和1978	石塔
シャモ	鶏魂碑	福島県川俣町羽田、円照寺	平成1993	石板
シカ	鹿供養碑	栃木県今市市小百小林戸	江戸1845	石板
シカ	鹿供養碑	栃木県今市市小百小林戸	昭和1977	石板・半肉像
淡水魚	魚族萬霊供養塔	栃木県小川町谷田	昭和1971	石塔
ブタ	豚魂碑	群馬県前橋市滝窪町、野光養豚研究会	昭和1977	石板
ウシ	畜魂碑	群馬県前橋市河原浜町、前橋農協大胡	昭和1978	石板
ウシ	畜魂碑	群馬県前橋市東金丸町、高橋牧場	昭和1979	石板
クジラ	鯨供養祠	千葉県鋸南市下佐久間、弁財天社	江戸1838	石祠多数
ニワトリ	鶏靈供養碑	東京都府中市住吉町、法音寺	昭和1943	石板

動物	塚名	所在地	建立時期	形式
ニワトリ	鶏靈供養塔	東京都小金井市、金蔵院	昭和1951	宝篋印石塔
魚	魚がし供養塔	東京都豊島区巣鴨、妙行寺	昭和1938	石柱塔
ウナギ	うなぎ供養塔	東京都豊島区巣鴨、妙行寺	昭和1950	ブロンズ観音像
タコ	蛸供養碑	東京都八王子市高尾町、高尾山薬王院	昭和1962	石塔
魚	放生供養碑	東京都三鷹市井の頭、井の頭公園	昭和1983	石板
動物	鎮魂供養碑	東京都三鷹市井の頭、井の頭公園	平成1994	聖観音石像
魚	魚供養之碑	東京都港区芝公園、増上寺	昭和1985	石塔
魚	鱗供養塔	神奈川県鎌倉市材木座、妙長寺	明治1878	石柱
サケ	鮭塚	神奈川県横浜市磯子区磯子町、金蔵院	昭和1928	石塔
アユ	鮎供養之碑	神奈川県小田原市桑原	昭和1958	自然石
フグ	ふぐの碑	神奈川県横浜市本牧、八聖殿公園	昭和1970	ブロンズ像

動物	塚名	所在地	建立時期	形式
ウシ	畜霊塔	神奈川県相模原市下溝、JA麻溝支店	昭和1943	石塔
ブタ	豚霊碑	神奈川県相模原市下溝、JA麻溝支店	昭和1967	石塔
アユ	鮎供養の碑	神奈川県相模原市下溝	昭和1967	自然石
魚介	魚介類供養塔	神奈川県川崎市初山、本遠寺	平成1990	石塔
ミツバチ	蜂塚	山梨県道志村、道志川中州	昭和1957	自然石
淡水魚	魚族供養塔	山梨県山梨市万力、笛吹川堤防	平成1993	自然石
イノブタ	いのぶた供養塔	山梨県山梨市三富川浦、民芸茶屋清水	平成	自然石
生物	生物供養之碑	長野県飯田市今宮町、今宮郊戸八幡宮	昭和1970	自然石
ウマ	畜魂碑	長野県須坂市墨坂南	昭和1947	自然石
ウナギ	鰻供養塔	長野県岡谷市川岸東、観光荘	平成2001	自然石
スズメバチ	蜂供養塔	長野県東御市加沢	平成1996	自然石塔

動物	塚名	所在地	建立時期	形式
クジラ	鯨墓	新潟県佐渡市両津椎泊	明治 1888	自然石
魚	魚靈塔	新潟県佐渡市両津羽二生	明治 1881	自然石
イカ	魚霊塔	新潟県佐渡市両津大川	昭和 1937	自然石
クジラ	鯨塚	新潟県新潟市間瀬、海雲寺	昭和 1934	自然石
魚	越後七浦観音	新潟県新潟市間瀬、岩室温泉	昭和 1983	魚籃ブロンズ
魚介	魚介供養塔	新潟県新潟市東堀通十三番町、吉祥院	昭和 1929	魚籃ブロンズ
魚	魚霊塔	新潟県佐渡市両津夷、正覚寺	平成 1994	石塔
魚	魚籃観音	新潟県佐渡市水津、漁港	平成 1999	石立像
魚介	魚介類供養塔	富山県富山市水橋川原町、水橋漁港	昭和 1970 頃	石像
ブリ	永明院五重塔	富山県氷見市宇波（酒井宅）	平成 2002	五重塔
クジラ	巨鯨魚介類慰霊碑	石川県珠洲市馬緤町、鰐崎海岸	昭和 1988	自然石

動物	塚名	所在地	建立時期	形式
イルカ	海豚供養碑	静岡県西伊豆町安良里浦上	昭和1935	石柱
魚	魚類供養包丁塚	静岡県熱海市上宿町、誓欣院	昭和1959	自然石
クジラ	鯨供養碑	静岡県松崎町雲見	平成1989	半肉石板
魚鳥	魚鳥供養碑	静岡県伊豆の国市修善寺、源氏公園	平成1989	自然石
淡水魚	養魚供養碑	静岡県静岡市梅が島、魚魚の家	平成1996	自然石
キンメダイ	きんめだい魚霊碑	静岡県下田市雁島	平成1992	自然石
淡水魚	魚霊碑	愛知県豊田市平戸橋町、矢作川漁協	昭和1981	石板
フグ	ふくの霊供養之塔	愛知県南知多町豊浜、光明寺	昭和1981	ブロンズ像
フグ	魚天観音	愛知県南知多町豊浜、光明寺	平成1990	石立像
淡水魚	魚霊碑	愛知県新城市東新町、櫻淵公園	平成1993	自然石
鳥獣	鳥獣慰霊碑	愛知県新城市東新町、櫻淵公園	平成1999	自然石

動物	塚名	所在地	建立時期	形式
動物	グアム島の小動物之霊	愛知県名古屋市中川区、千音寺霊園	平成　1999	五輪塔
スズメバチ	地蜂友好の碑	岐阜県恵那市串原	平成　1998	自然石
クジラ	腹子持鯨菩提之塔	三重県海山町白浦西里ノ上	江戸　1758	石柱
マグロ	鮪供養塔（法華塔）	三重県尾鷲市須賀利、普済寺	江戸　1841	石柱
マグロ	鮪供養塔（法華塔）	三重県熊野市甫母町、海禅寺	江戸　1868	石柱
マグロ	支毘供養塔（大明神）	三重県南伊勢町奈屋浦、照泉寺	江戸　1866	石柱
ハマグリ	蛤墳	三重県桑名市今中町、専正寺	江戸　1823	自然石
シラウオ	白魚塚	三重県桑名市地蔵、龍福寺	昭和　1964	自然石
と畜	獣魂碑	滋賀県大津市逢坂、長安寺	昭和　1927	自然石
鳥獣	野鳥獣之霊碑	滋賀県大津市木戸	昭和　1966	自然石
アユ	小鮎塚	滋賀県米原市上丹生、醒井養鱒場	昭和　1940	自然石

動物	塚名	所在地	建立時期	形式
カエル	かえるの碑	滋賀県米原市上丹生、醒井養鱒場外	昭和1935	自然石・句
イワナ	岩魚の里顕彰碑	滋賀県東近江市杠葉尾、池田養魚場	平成1998	自然石
魚	庖丁塚	滋賀県大津市坂本、日吉大社	平成1993	自然石
淡水魚	湖魚供養塔	滋賀県野洲市吉川、鮎家の郷	平成1989	石柱・鮎像
淡水魚	びわ湖　湖魚供養塔	滋賀県野洲市吉川、鮎家の郷	平成1996	自然石・鮎像
魚	魚霊供養碑	滋賀県東近江市小脇、成願寺	昭和1987	石板
動物	獣魂碑	京都府京都市西京区嵐山、法輪寺	大正1923	自然石
ニワトリ	鳥之供養碑	京都府京都市左京区法林寺門前町、檀王法林寺	昭和1957	自然石
フグ	ふぐ塚	京都府京都市東山区高台寺下川原町、霊山観音	昭和1982	自然石
魚	魚魂碑	京都府京都市伏見区横大路草津町	昭和1986	石板
カニ	蟹類供養塔	京都府木津川市山城町、蟹満寺	昭和1976	五輪石塔

動物	塚名	所在地	建立時期	形式
ウシ	獣魂碑	大阪府貝塚市堀、貝塚市立と畜場	昭和1936	自然石
ウシ	獣魂碑	大阪府貝塚市堀、北出精肉店	昭和1958	石柱
ブタ	家畜慰霊碑	大阪府貝塚市堀、北出養豚場	平成2000	石柱
魚	魚類供養塔	大阪府岬町多奈川小島、小島漁協	昭和1966頃	自然石
魚	庖丁塚	大阪府茨木市総持寺、総持寺	昭和1977	自然石
鳥獣	鳥獣慰霊碑	大阪府藤井寺市藤井寺、葛井寺	昭和1981	自然石
魚	魚籃観音	大阪府藤井寺市道明寺、道明寺	平成1990	ブロンズ像
魚介	魚介類成仏塔	兵庫県加古郡播磨町本荘、本荘中公会堂	江戸1750	宝篋印石塔
ニワトリ	仁和登利の塔	兵庫県神戸市東灘区王子町、市立王子動物園	昭和1956	ブロンズ像
カニ	かに塚	兵庫県豊岡市城崎、大師山	昭和1981	半肉石像
カニ	おかげさま碑	兵庫県豊岡市瀬戸、但馬漁協FMV	平成1991	石像

動物	塚名	所在地	建立時期	形式
魚	魚に感謝乃碑	兵庫県神戸市兵庫区中之島、中央卸売市場	平成 1992	自然石
魚	魚供養碑	兵庫県神戸市長田区駒ヶ林町、蛭子神社	平成 1998	自然石
と畜	畜魂碑	兵庫県神戸市長田区苅藻通、卸売市場西部市場	平成 1998	石板
魚	海の幸供養塔	和歌山県高野町高野、高野山奥の院	昭和 1976	石仏像
クエ	クエ供養碑	和歌山県日高郡日高町、西山ピクニック緑地	平成 1989	石板・半肉
ミツバチ	蜜蜂群供養之碑	和歌山県海南市下津町橋本、福勝寺	平成 1990	自然石
ウシ	牛霊碑	鳥取県西伯郡大山町、大山寺	大正 1922	自然石柱
魚	魚鱗供養塔	鳥取県境港市栄町、共和水産	平成 2017	石像（マグロ）
アシカ	登々塚	島根県西ノ島町三度、地福寺	大正	自然石
鳥獣	鳥獣慰霊之碑	岡山県和気町藤野、和気神社	昭和 1973	自然石
牛馬	牛馬安全供養碑	広島県庄原市西条町三坂	明治 1911	自然石

動物	塚名	所在地	建立時期	形式
牛馬	牛馬安全供狼碑	広島県庄原市東城町小奴可	大正 1917	自然石
魚介藻	魚介藻之霊塔	広島県福山市内海町田島、箱崎港	昭和 1944	石柱
魚	魚霊塔	広島県福山市内海町、西音寺	昭和 1978	自然石
鳥魚	鳥魚供養碑	広島県広島市南区比治山町、多聞院	昭和 1940	自然石
カキ	向洋牡蠣供養碑	広島県広島市南区向洋大原町	昭和 1979	自然石
魚貝藻	魚貝藻碑	広島県広島市南区向洋大原町	昭和 1979	自然石
魚貝	魚貝類供養塔	広島県広島市南区丹那町、丹那港	昭和 1961	自然石
魚貝藻	魚貝藻類供養碑	広島県広島市西区草津南、漁民会館	昭和 1967	自然石
魚貝	魚貝類慰霊碑	広島県広島市南区仁保町、住吉神社	平成 1990	自然石
アサリ	貝塚	広島県廿日市市大野町下ノ浜	昭和 1986	貝形石板
クジラ	鯨胎墓	山口県長門市青海島通浦、清月庵	江戸 1692	石柱

動物	塚名	所在地	建立時期	形式
魚・餌	諸魚諸餌供養塚	山口県下関市伊勢崎、三蓮寺	江戸　1857	石　柱
魚	江海魚鱗離苦得楽塔	山口県柳井市平群、円寿寺	江戸　1772	石　柱
フグ	ふくの像	山口県下関市、亀山八幡宮	平成　1990	銅　像
ウシ	牛の墓	香川県高松市浅野	明治　1875	半肉石像
ウシ	耕牛供養碑	香川県綾歌郡綾川町萱原、法然寺	明治　1886	半肉石像
魚	魚鱗供養塔	香川県東かがわ市引田、宇戸池	昭和　1929	石　塔
ウシ	乳牛霊之碑	香川県仲三豊市高瀬町比地、唐頭墓地	昭和　1941	石　柱
ミツバチ	蜜蜂供養碑	香川県高松市国分寺町	昭和　1980	石　塔
と畜	畜魂碑	香川県綾歌郡綾川町、ＪＡ綾歌南部会館	平成　1990	石　板
イワシ	漁事供養塔	愛媛県宇和島市津島町北灘、明神ケ浜	江戸　1845	自然石
クジラ	鯨塚	愛媛県西予市詟ノ手	江戸　1837	石　柱

動物	塚名	所在地	建立時期	形式
クジラ	鯨塚	愛媛県西予市楠ノ浦	明治 1870	石柱
クジラ	鯨塚	愛媛県西予市子持岩	明治 1907	石柱
イワシ	一切魚類離苦得悦碑	愛媛県伊予市双海町上灘	明治 1901	石柱
イワシ	奉鰯供養碑	愛媛県伊予市双海町上灘	大正 1920	石柱
サワラ	鰆供養塔	愛媛県伊予市双海町上灘	昭和 1936	石柱
サメ	鱶供養塔	愛媛県伊予市双海町下灘	昭和 1949	自然石
ブリ	鰤珠観世音菩薩	愛媛県宇和島市津島町北灘	昭和 1982	石像
クジラ	捕鯨八千頭精霊供養塔	高知県室戸市元乙、金剛頂寺	昭和 1960	石柱
クジラ	捕鯨八千頭精霊供養塔	高知県室戸市元乙、金剛頂寺	昭和 1967	石柱
カツオ	鰹供養碑	高知県高岡郡中土佐町久礼浜	平成 1991	自然石
鳥獣	鳥獣供養塔	佐賀県佐賀市三瀬、杉神社	江戸 1612	有蓋石板

動物	塚名	所在地	建立時期	形式
鳥	鳥類供養塔（雁の塔）	佐賀県佐賀市川副町福富	江戸　１７２９	石塔
クジラ	鯨鯢千本供養塔	佐賀県呼子町、龍昌院	江戸　１８３１	石柱
クジラ	鯨鯢供養塔	長崎県平戸市岩の上町、最教寺奥の院	江戸　１６９５	石柱
クジラ	鯨霊供養塔	長崎県平戸市岩の上町、最教寺奥の院	昭和　１９３８	五輪塔
ミツバチ	蜂塚	熊本県熊本市小島下町、中村養蜂園	昭和　１９７１	石板・レリーフ
タコ	タコ供養塔	熊本県天草市有明町上津浦	平成　２００７	石像
猪鹿	猪鹿供養塔	大分県日田市小野市木	江戸　１８１２	石柱
猪鹿	猪鹿供養塔	大分県日田市小野市木	江戸　１８６６	半肉石像
猪鹿	猪鹿供養塚	大分県日田市小野市木	江戸	石柱
魚	江海魚鱗離苦得楽塔	大分県佐伯市米水津宮野浦、迎接庵	江戸　１７２０	石柱
魚	江海魚鱗離苦得楽塔	大分県佐伯市蒲江浦、東光寺	江戸　１７２２	石柱

動物	塚名	所在地	建立時期	形式
魚	江海魚鱗供養塔	大分県佐伯市西上浦内之浦、海光庵	江戸　1740	石柱
魚	經王魚鱗供養塔	大分県佐伯市大入島区高松浦、大休庵	江戸　1766	石塔
魚	魚鱗塔	大分県佐伯市晞干区、地蔵庵	江戸　1775	石柱
クジラ	大鯨魚寶塔	大分県臼杵市大泊	明治　1871	自然石
アワビ他	鮑栄螺海鼠供養塔	大分県臼杵市風成	大正　1917	自然石
アサリ	貝之供養塔	大分県臼杵市津留、松ヶ鼻地蔵公園	昭和　1982	石柱
クマ	熊塚	宮崎県高千穂町馬生木	江戸	自然石
クマ	熊塚	宮崎県高千穂町河内、熊野鳴滝神社	江戸・享保	石祠
カツオ	鰹供養塔	鹿児島県枕崎市枕崎、旧蛭子神社跡地	大正　1916	四角錐
魚	魚供養之碑	沖縄県石垣市石垣島大浜	昭和　1988	自然石
ヤギ	羊（山羊）魂碑	沖縄県名護市勝山、勝山農業センター	昭和　1962	自然石

動物	塚名	所在地	建立時期	形式
鳥獣	鳥獣魂供養の碑	沖縄県石垣市石垣島宮良	平成　2001	自然石
伝説の動物				
イヌ	犬の宮	山形県置賜郡高畠町高安	不明	社
ネコ	猫の宮	山形県置賜郡高畠町高安	不明	社
コイ	鯉塚	東京都台東区寿、龍寶寺	江戸　1853	石板
イヌ	日蓮の白犬墓	山梨県身延町下山、上澤寺	鎌倉1274	土塚・銀杏
ウマ	源範頼公愛馬供養碑	静岡県浜松市飯田町	鎌倉	馬頭観音石像
アリ	蟻塚	愛知県新城市長篠広面	江戸　1776	自然石
イヌ	義犬（小石丸）墓	滋賀県犬上郡多賀町富之尾、大瀧神社	不明	小祠
イヌ	犬塚	滋賀県長浜市平方町、平方天満宮	不明	自然石
ムカデ	百足供養堂	滋賀県大津市瀬田、雲住寺	平成　1994	百足金属像

動物	塚名	所在地	建立時期	形式
ホタル	蛍塚	京都府宇治市山王	平成 1999	自然石
イヌ	萬家犬塚（義犬塚古墳）	大阪府岸和田市天神山町	飛鳥	円墳・石柱
コイ	鯉塚	大阪府豊中市庄本町、椋橋総社	奈良	自然石
スズメバチ	蜂塚	大阪府摂津市千里丘、金剛院	平安 1119頃	多層石塔
コイ	鯉塚	大阪府大阪市都島区中野町、大長寺	江戸 1668	自然石
イヌ	犬次神社（麻奈志漏墓）	兵庫県西脇市堀町	古墳	社
イヌ	犬塚	兵庫県姫路市香寺町犬飼、神明神社	江戸	自然石
イヌ	犬塚（三本卒塔婆）	兵庫県相生市矢野町能下	鎌倉	五輪塔
カニ	蟹塚	兵庫県明石市大道町	平安	石柱
イヌ	雪丸塚	奈良県王子町、達磨寺	飛鳥	石像
シカ	鹿塚	奈良県生駒郡斑鳩町龍田	飛鳥	小墳・自然石

動物	塚名	所在地	建立時期	形式
イヌ	犬塚	奈良県吉野郡吉野町窪垣内	飛鳥	自然石
イヌ	犬塚	鳥取県鳥取市国府	江戸	自然石
キジ	霊鳥白雉の碑	山口県長門市真木、大歳神社	昭和 1965	自然石・金属板
サル	猿の墓	徳島県鳴門市大麻町大谷	鎌倉	自然石
ナマズ	鯰塚	香川県三豊市財田町亀渕	不明	石像
ナマズ	なまず塚	熊本県甲佐町津志田	明治 1890	石祠
平和運動などのモニュメント				
マグロ	マグロ塚	東京都江東区夢の島、第五福竜丸展示館	平成 2000	自然石
ペットへの感謝、哀悼、慰霊				
イヌ	唐犬八之墓	東京都墨田区両国、回向院	江戸 1866	自然石・半肉像
ネコ	河竹默阿弥愛猫塚	東京都中野区上高田、源通寺	明治 1886	自然石

動物	塚名	所在地	建立時期	形式
動物	西信寺霊園	東京都文京区大塚	明治 1900	
動物	多摩犬猫霊園	東京都府中市浅間町	大正 1921	
動物	東京動物博愛院	東京都板橋区舟渡	昭和 1935	
動物	世界動物友の会	東京都調布市深大寺元町	昭和 1962	
イヌ	愛犬供養碑	東京都墨田区両国、回向院	昭和 1988	石碑
動物	畜魂碑	愛知県名古屋市天白区、八事霊園	昭和 1930	自然石
動物	琵琶湖動物霊園	滋賀県湖南市夏見	昭和	
動物	慈しみの碑	滋賀県大津市園城寺町、円満院	昭和	馬頭観音石像
動物	北白川ペット霊園	京都府京都市左京区北白川地蔵町	平成	
動物	ペット諸霊納骨供養塚	大阪府茨木市総持寺、総持寺	平成	五輪石塔
鳥獣	鳥獣供養塔	和歌山県御坊市湯川町富安、鳳生寺	平成 2015	石塔

動物	塚名	所在地	建立時期	形式
イヌ	福の墓	宮崎県佐土原町、高月院	明治 1869	石柱
その他				
ウミネコ	ウミネコ供養碑	青森県八戸市鮫町蕪島、蕪嶋神社	昭和 1950	歌碑・金属像
スズメ	雀供養之塔	東京都北区田端、東覚寺	江戸 1817	竹形石塔
タイ	妙の浦タイ之墓	千葉県鴨川市小湊、誕生寺	昭和 1979	自然石
トキ	トキの碑	新潟県佐渡市新穂、トキの森公園	平成 2004	半肉ブロンズ
淡水魚	十三重石塔	京都府宇治市塔の島	鎌倉 1286	多層石塔
動物	筆塚	京都市上京区馬喰町、北野天満宮	江戸 1834	自然石
虫	虫塚	京都府京都市右京区化野町、念仏寺	昭和 1962	自然石
動物	筆塚	京都府京都市東山区本町、正覚庵	昭和 1967	自然石
虫	蟲塚	大阪府箕面市箕面、西江寺	昭和 1948	自然石

動物	塚名	所在地	建立時期	形式
虫	虫塚	大阪府箕面市箕面公園	昭和 1975	半肉銅板
コウノトリ	鸛供養碑	兵庫県養父市大藪、泉光寺	江戸 1846	半肉石像・句
タコ	蛸壺塚	兵庫県明石市人丸町	江戸 1768	自然石
動物	大筆供養塔	和歌山県高野町、高野山奥の院	昭和 1978	石像
動物	筆塚	和歌山県高野町、高野山奥の院	昭和 1978	石像
動物	筆塚	広島県熊野町、榊山神社	昭和 1974	自然石
ツル	つる塚	山口県周南市八代、下魚切の丘	昭和 1955	自然石

ケガレ（穢れ）

16頁参照

穢れの概念が確立したのは九〜十世紀にかけてであり、神祇令、貞観儀式、延喜式などに定められている。それ以前の文献としては、三世紀後半に書かれた『魏志倭人伝』(邪馬台国では死者を葬ったのち、家族は水中に入って身を清めた)、八世紀前半の『古事記』や『日本書紀』(イザナギが黄泉の国で穢れ、禊をした)などの記事がある。天智天皇による国家構想が実施に移され、律令制が布かれ、祭祀についても神祇令が定められた。伊勢神宮(天照大神——太陽神が祭神の内宮と豊受大御神——供膳神が祭神の外宮)が創設された頃には神祇を司る天皇を頂く日本国が一応成立したものと考えられ、天孫である天皇の神聖の対極として穢れ思想が成立したといえる。大宝律令(七〇一年)ができた天武・持統・文武・元明朝がこれに当たろう。なお、仏教は死を穢れとして忌む論理とは無縁であり、むしろ神事においては僧尼が関ることは穢悪の対象として忌まれるべきものとされた。穢れは神道を中心に展開した。弥生時代から肉食は稲の豊穣を妨げるものとの考えもあって忌避されたが、『魏志倭人伝』にも重要な慎みの際は肉食を断つ風習があることが記されている。「その死には棺あるも槨なく、土を封じて冢を作る。始め死するや停喪十余日、時に当たりて肉を食わず、喪主は哭泣し、他人就いて歌舞飲食す。已に葬れば、挙家水中に詣りて澡浴し、以て練沐の如くす。」(石原道博編訳、新訂『魏志倭人伝』岩波文庫、一九八五年)

律令国家はその安定の基盤である稲の豊穣を計る目的で弥生時代以来の殺生肉食の忌避を強化するために仏教の不殺生戒や輪廻転生思想をも利用

して、殺生肉食の禁止や放生(鳥を放し、魚を放流する)などの政策を推進した。農耕に必要な牛馬の保護も併せて計られた。平安時代になると穢れ意識がさらに肥大化した。清和天皇(八五八~八七六年)の時代から六畜の穢れが記録に多く現れるようになる。『延喜式』(九六七年)には穢れとして人死、産、六畜死、六畜産、および食宍が定められた。六畜は牛、馬、羊、犬、鶏、豕を指す。その運用においては、猪鹿の肉を食べることは六畜に準じて食宍の対象になり、穢れと決められた。動物の死穢観念は当初は天皇や貴族、神社を中心とする中央社会に際立っていた。さらに触穢の概念(穢れの伝播)も発生し、穢れを清めることから穢れに近づかないことに重きが移った。清めには「斎」と「忌」があるが、斎は神事に際してもの斎みすること、潔めることであり、忌も神事に際して身を清め、穢れを避けることであり、動物塚においてはその区別に留意することはなさそうである。平安時代に穢れを忌む思想は極端に肥大発達した。そして次第に一般にも波及していった。やがて、仏教が神仏習合思想や天台本覚思想などによって動物供養の担い手となる。ケガレが一般に広く浸透するのは江戸時代に将軍綱吉のときに公布された「服忌令」(一六八四年)の影響も無視できない。死と血を忌み嫌い、ケガレを排する規定が武家だけではなく広く職人、町人、農民にまで浸透した。

ケガレを忌む具体例として、伊勢神宮の例では、藤原宗忠の日記『中右記』に「造宮使が申す。二十八日の立心柱のこと、犬産穢によりにわかに延期の由」とあり、嘉保三年七月二十八日の外宮正殿の式年遷宮の重要神事である心御柱奉建が犬の産穢による忌みのため延期となったことが分る。宮中の例では、伊勢の「神宮文庫」に「文政十三年七月地震候日」という記録があり、「我に庭中に筵で道をつくり、天皇の座をもうけ、近臣が前後を護衛し女官が随い、剣と璽を座辺においた。鏡は賢所に別置した。僧尼は不浄なので、少し後ろにさがった。剣と璽に近づけなかったからである。」と記されている。僧尼は死者を弔うので不浄なため三種の神器には近づけない。

ケガレ（穢れ）は神の嫌うものであるから、タタリの原因となる。

ハインリッヒ・シュリーマンは「日本人が世界でいちばん清潔であることは異論の余地がない」と言っているが、その起源はケガレに在るのかも知れない。

タタリ（祟り）

16頁参照

動物塚の建立の動機を理解するためにはケガレとともにタタリについての理解が必要となる。『古事記』上巻「大国主命2　八十の迫害」の項に「故ここに八十神怒りて、」とあり、『日本書紀』巻第十九欽明天皇十三年冬十月条に「我が国家の、天下に王とましますは、恒に天地社稷の百八十神を以て、春夏秋冬、祭拝りたまふことを事とす。方に今改めて播神を拝みたまはば、恐らくは国神の怒りを致したまはむ」とある。祟りは神の怒りと考えられ、疫病、自然災害などのかたちで現れるとされていた。このようにタタリの概念は仏教伝来（諸説あるが、五五二年）以前からあったと考えられる。八世紀になると仏法による疫病、天災の制圧理論として神の神身離脱願望という考え方が登場する。仏の救済は六道を輪廻転生し、生と死を繰り返して四苦八苦する衆生を対象とするが、神のタタリは六道の最高位である天道にある神の衆生としての救済願望の発露であるとするものである。

よく知られた祟りの具体的な例としては次のようなものがある。

・政治的に非業の死を遂げた人の怨霊が疫病や天災などを引き起こす原因となる（早良親王、菅原道真、平将門）

・恨みを持つ人の生霊や死霊が病気、難産、人死、災害の原因となる（物の怪）

動物霊魂のタタリについては、動物を支配する神（山ノ神、海神など）のタタリ以外にも怨霊や物の怪との関連もあろう。動物を人と同じように考えて擬人化する文化があるので、人間によって命を簒奪された動物の霊魂を怨霊に類推することは十分ありうることである。政争により非業の死を遂げた人の霊は怨霊としてタタリをなすと恐れられ、特に疫病は怨霊のタタリであると考えられた。桓武天皇との権力争いに敗れた早良親王の場合、他の五人の怨霊と共に神泉苑で怨霊を鎮めるための御霊会が開かれ、密教僧侶の加持祈祷などにより怨霊鎮めが行われた。そして、怨霊は上御霊神社に神として祀り上げられた。また、菅原道真は大宰府天満宮に、平将門は東京大手町の「将門の首塚」に祀られている。しかし生を断たれた動物の霊を怨霊に見立てて、御霊会のような霊鎮めが行われた例は知られていない。慰霊祭は行われたが、怨霊と確信したものではなかろう。熊、鯨、猪鹿、鮭などのタタリに関する江戸時代の伝承が知られているがそれらの荒霊鎮めは通常の供養によって行われ、供養碑も建立された。怨霊や物の怪の正体探索や鎮めには陰陽師、修験者、聖などが活躍した。

殺生罪業観

33頁参照

採集・狩猟・漁撈の縄文時代から水稲農耕を中心とする弥生時代に進むと稲作、狩猟、漁撈、牧畜が並立した過渡期を経て水稲の比重が高まり、牧畜は育たず、狩猟・漁撈も比重を下げていった。弥生後期には稲の生育の妨げとなるとして肉食忌避の風習が生まれた。そして七世紀後半に成立した律令国家は意図的な選択により稲作を最重点政策として推進した。これに伴い、縄文の自然崇拝から太陽神、水神、風神など稲作に関連した神々への神祇祭祀へと比重を移し、政（政治、祭祀）を行う天孫としての天皇の聖性と清潔が強調されて権威付けがなされた。その結果、穢れ斎みの傾向が強くなった。そして動物を殺す狩猟・漁撈は次第に賤業視されるようになっていった。

殺生を避けることは仏教の重要な戒めで、出家者だけでなく、在家信徒の守るべき五戒の第一に挙げられ、八正道の一つにも挙げられている。いわゆる不殺生戒と称されるものである。このように仏教教義には動物の命を大切にし、殺生は罪であるという思想があったが、国家鎮護のために仏教の力を利用した律令政府は大乗仏教の経典である『大般涅槃経』、『梵網経』の肉食禁忌の教えを重視した。さらに、『金光明経』や『梵網経』に説かれる生きものを自然に放ち生かす「放生」も積極的に採用した。こうして神道による神祇祭祀と仏教による鎮護祈祷という二本立てで稲の豊穣と国家鎮護が祈願された。平安時代になると律令制の変化が起り、天皇と公家による摂関政治が行われるようになると動物の死穢の観念が肥大化し、触穢の観念にまで発展した。この神道的穢観念と仏教的殺生禁断思想が重ね合わさって殺生罪業観が生まれ、仏教説話集などを通じて徐々に一般社会にも浸透していった。同じ頃、縄文以来の自然崇拝にある万物に霊魂を認める古神道的アニミズム（万物に命がある、あるいは霊魂が宿る）と大乗仏教の「一切衆生悉有仏性」（『大般涅槃経』）という思想が融合したと考えられる五台院安然（八四一年〜）の『斟定草木成仏私記』にある「草木国土悉皆成仏」という日本的天台本覚思想が生まれた。仏になる素質をもつものが国土にまで拡大された。ちなみに、安然は最澄、空海、円仁、円珍などを受けて天台宗の密教を大成した人である。

天台本覚思想

27頁参照

天台宗を中心に発展した思想であるが、ありのままの現実を肯定する実践思想である。本覚は中国仏教にある言葉で、衆生（生きとし生けるもの）の心の中にある悟りに至る原理を指す。心の迷う状態（不覚）にある衆生が悟りに向かって進んでいく（始覚）原理である。従って、本覚原理を自覚すると、修行にたいする認識は変わる。極端な場合には修行不要論ともなる。この本覚思想は真言宗の即身成仏にも通じ、さらに、本地垂迹説にも通じるものであり、大乗仏教の小乗仏教（上座部仏教）との大きな違いの一つである。「草木国土悉皆成仏」はこの思想を表現する代表的な言葉である。なお、これと同じように使われる「山川草木悉有仏性」という言葉が書かれた仏典はないといわれる。

和魂漢才と和魂洋才

15頁参照

和魂漢才も和魂洋才も日本古来の心性のかなりの分を温存して外国の文明や文化を選択的に受容

することであるが、良く取り上げられる和魂漢才の例は、律令制の導入において競争を強いる科挙は和を乱し、さらには世襲を困難にすると考えたのか採用されなかった。また、纏足は不自然で穢れると考えたのか導入されなかったことなどがある。また、和魂洋才の例は、実験動物慰霊碑は実学としての西欧科学技術や合理性の導入と日本的霊性を使い分けることにより、動物を苦しめたり殺したりする実験者心痛の処理と実験関係者による実験倫理の共有を目的に建立していることが挙げられる。選択的受容の背景には地理的に極東の島国である日本は昭和二十年（一九四五）まで他国に侵略支配された歴史がなかったこと、また、ちゃっかりした気風が尊重される面（例えば、奈良時代に伝来した憤怒相の馬頭観音は当初は仏教の修行者の守護であったが、平安時代になると六観音の一つとして六道輪廻の畜生道の守護となり、江戸時代になると馬の守護神となり、いつしか、牛、豚、鶏など家畜の守護神となり、さらには動物全体の守護神となったように改良改善精神が旺盛でオリジナリティを尊ばない気風）があることなど様々な要因があろう。

西洋の動物観

29頁参照

ローマ時代にキリスト教が西欧人に受容された時、一神教であるキリスト教の教理を丸呑みすることが不可欠であった。人が動物の上にあって動物を管理するというキリスト教以前の動物観はキリスト教の動物観と矛盾するものではなかったので生き残ったが、妖精や神々の眷属としての動物（例えば、ポセイドンのイルカ、ミネルバのフクロウなど）は神々が否定されたのに伴い退けられた。そして、キリスト教圏やイスラム教圏では神、人、動物の間には越えられない断絶があり、絶対神を頂点とするヒエラルキーがある。唯一神以外のものを拝むことは偶像礼拝として禁止され、さらに、人間と同じようには動物の霊、魂を認めないのがキリスト教会の伝統となっているので、動物慰霊の考えはない。ペットの墓は欧米に多数あるが、墓に宗教性はない。欧米には、軍、警察、消防、救助、実験など、人の用に供されて犠牲になった動物たちの記念碑が多数ある。しかし、記念碑は動物の霊、魂を対象としたものではなく、人に史実を周知させ省察させるためのものであり、倫理的なものである。十九世紀以降、進化論などの影響や自然科学の進歩により、人間以外の哺乳類も痛みや苦しみを感じ、すべての生物は共通のDNAから構成されていることなども明らかになり、『聖書』の創世記にあるように、人は神の似姿に造られた特別な存在であるとするキリスト教的人間中心主義やアリストテレス、デカルト、ベーコン流の哲学的人間中心主義ではなく、倫理学的な生命中心主義的動物観が台頭し、種間倫理の問題が追及されている。

いっぽう、仏教が日本人によって受容されるときには仏教が変容されたかたちで受容された。すなわち、「一切衆生悉有仏性」が「草木国土悉皆成仏」と拡張された。仏教以前のアニミズム的自然崇拝に基づいた人も動物も同じ自然の一部であるという動物観は失わないままで仏教が受容された。仏教にも輪廻転生に現れているように人と動物の平等の生命観がある。日本では変容を許容しない文化、例えば、キリスト教などは受容されないで済まされてきた。（もっとも、キリスト教の信仰ではなく、書物としての聖書にある倫理や合理性など、さらにはキリスト教文化の結婚式やクリスマスなどは参考にされたり受け入れられたりしている）つまり、極東の小さな島国である日本は他民族による征服、強制的洗脳（中南米諸国などのように）が起らなかったからであるともいえる。換言すれば、長い年月の間に各方面から地の果にある日本列島に流れ着いた異なる文化を持った人々が、温暖ではあるが激しい自然環境の中で、和合しているのが日本人であるからである。しかし、日本も自然科学的知識の普及やグローバル化の進展などの影響により、種間倫理の問題と日本的動物観との整合性を問われつつある。

東南アジアの上座部仏教国の動物観

230頁参照

ミャンマー、タイ、カンボジア、ラオスなどの上座部仏教国には動物の死者儀礼が乏しい。上座部仏教は出家修行による六道輪廻からの解脱指向が強いため、在家信徒は解脱、成仏をあきらめ、それよりも死後再び人間としてできるだけ良い状態に転生したいという願望が強く、布施、喜捨、一時出家、死んだ家族の供養や動物の放生などの善行により徳を積んで備えようとする。畜生道の動物の救いに対しては積極的ではない。大乗仏教のように一切衆生悉皆成仏という祈りは弱い。現世利益指向となる。

参考文献

石原道博編訳『新訂　魏志倭人伝』岩波書店、一九八五年
岩田慶治『日本文化のふるさと―東南アジアの民族を訪ねて―』角川書店、一九九一年
大野晋『日本人の神』新潮社、二〇〇一年
岡田真美子編『小さな小さな生きものがたり―日本的生命観と神性―』昭和堂、二〇一三年
奥野克己編著『人と動物駆け引きの民族誌』はる書房、二〇一一年
奥野卓司、秩父宮文仁編『ヒトと動物の関係学1　動物観と表象』岩波書店、二〇〇九年
川田順造『文化人類学とわたし』青土社、二〇〇七年
川村邦光『弔いの文化史―日本人の鎮魂の形―』中央公論新社、二〇一五年
坂本太郎、家永三郎井上光貞大野晋校注『日本古典文学大系68　日本書紀　下』岩波書店、一九六五年
末木文美士『日本宗教史』岩波書店、二〇〇六年
末木文美士『日本歴史私の最新講義20　日本思想史の射程』敬文舎、二〇一七年
高取正雄、橋本峰雄『宗教以前』筑摩書房、二〇〇一年
武光誠『神道―日本が誇る仕組み―』朝日新聞出版、二〇一四年
虎尾俊哉『日本歴史叢書8　延喜式』吉川弘文館、一九六四年
中村生雄、三浦祐之編『人と動物の日本史四信仰の中の動物たち』吉川弘文館、二〇〇九年
波平恵美子『ケガレ』東京堂出版、一九八五年
ハインリッヒ・シュリーマン著石井和子訳『シュリーマン旅行記　清国・日本』講談社、一九九八年
原田信男『なぜ生命は捧げられるか―日本の動物供犠―』御茶の水書房、二〇一二年
福永光司『道教と古代日本』人文書院、一九八七年
保坂幸博『日本の自然崇拝西洋のアニミズム』新評論、二〇〇三年
山本幸司『穢と大祓』平凡社、一九九二年

おわりに

動物塚の調査を通じて、日本人は想像していたよりもはるかに多くの動物塚を建立してきたことを知り、実のところ大変驚いています。総数はどれくらいあるのか予想が難しい状況ですが、何千、あるいは一万基になるかも知れません。私が調査した動物塚の数はわずか五百数十基に過ぎませんが、対象となる動物はすでに百数十種に及んでいます。このような文化は世界に類例がありません。

動物塚の起源は縄文時代に遡ることができますが、ほとんどは江戸時代中期以降に造られています。明治以降は動物が資源化され、様々な業種に分けられ、各種の業界団体が動物塚を建立するようになったために、業者が競うように建立する様子が伺えます。いわゆる日本人の横並び意識が働いているようです。

動物塚調査の原点であった建立の動機についてはほぼ明らかになったと思っています。また、なぜこのような文化が日本に発生し、発展し、継続してきたのかについても自分なりにある程度納得しています。ただ、現代文明の発展度合いから見ても、人間のお墓をどうするかが問題になっている昨今の状況から見ても、今も新しい動物塚が造られ、人々が供養祭や慰霊祭を続けている様子を見て、外国人は不思議に思うことでしょう。正月に社寺に詣でることや地鎮祭を行うことと同じように儀礼化、商品化、習慣化したものとなっているのでしょう。

私は人間が生きものである人や動物の死に直面した時の衝撃は人種によって変わることはないと思っています。もちろん死者との距離感によってその衝撃に強弱はあります。そして、その衝撃への対応の仕方には文化が大きく影響します。

日本人は動物の死への対応の一つのあり方として動物塚を選びました。この日本独自といっても過言ではない民俗を相対化して他の文化のそれと比較することは異文化理解のために必要であると考えます。そのために文化人類学的アプローチが有効です。その試みとして、私は墓や供養碑を造らない東南アジアの上座部仏教（小乗仏教）圏のタイ、カンボジア、ラオス、ミャンマーにおける動物の死に対応する民俗※について調査を始めています。相対化のための手法として、供養・慰霊文化の根底に潜在している文化の違いを超えた心的構造について、無意識と関連する対称性原理を使って解析しました。その結果、タイの瞬間冷凍エビ作業人が自分の殺したエビの霊（ウィニャーン）に対して行う「徳（ブン）送り」儀礼と日本の猟師が殺したクマの霊ために石祠を建てて祀る儀礼とにおける心的構造が同じであることが分かりました。（詳しくは、依田賢太郎「動物供養・慰霊――ヒトと動物の関係における非対称性の修復――」〈『動物観研究』No.21、23～28頁、二〇一六年〉を参照）

また、ミャンマーのエーヤワディ河口デルタで農民が行うライギョを媒介とした稲の豊作儀礼と日

※ 227頁　用語解説「東南アジアの上座部仏教国の動物観」参照

本の遠賀川流域にある鮭神社で行われるサケを媒介とした稲の豊作儀礼とにおける心的構造が同じであることも分かりました。動物の死に対する衝撃は人類（ホモ・サピエンス）共通であり、その対処法は文化によって異なるものの、心の中（脳内）で起こっている作用は同じであると考えられます。

動物塚の事前調査や現地調査では多くの方々にご協力頂きました。お世話になった皆様に心から感謝いたします。出版に際しては社会評論社の板垣誠一郎氏に大変お世話になりました。心から感謝いたします。

動物塚の調査に妻が同行することがありました。北海道から九州まで、国内はもとより、韓国や台湾にも同行しました。老人がレンタカーを運転しますのでよそ見は禁物です。地図を見て方向を指示したり、沿道にある目印を探し当てたり、目的地の近くでは土地の人に道を聞いたりと助手の役目を果してくれました。何よりも有難かったのは、ちょっとした疑問が高じて動物塚にはまり、時間を見つけては出掛けるフィールドワークには当惑しながらも二十年近くも見守ってくれたことです。

二〇一八年七月

依田 賢太郎

著者紹介

依田賢太郎（よだ　けんたろう）

1939年山梨県生まれ。東京理科大学理学部応用化学科卒業。京都大学工学博士。東洋紡績（株）総合研究所研究室長、同社研究総括部主幹、東洋紡アメリカ（株）上席副社長、スタンフォード大学客員研究員などを経て、1991年から東海大学開発工学部教授、2004年から東海大学特任教授。専門は医用生体工学。2009年よりテクバウ代表。

いきものをとむらう歴史

供養・慰霊の動物塚を巡る

2018年7月20日初版第1刷発行

著／依田賢太郎

発行者／松田健二

発行所／株式会社　社会評論社

〒113-0033　東京都文京区本郷2-3-10　お茶の水ビル

電話　03（3814）3861　FAX　03（3818）2808

印刷製本／倉敷印刷株式会社

http://shahyo.sakura.ne.jp/wp/